南存辉观点

View on Nan Cunhui

专业 创新 共赢

廖毅 著

红旗出版社

《正泰文库》编委会

经济理论界有个论断：一个优秀的企业家，通常也是一个深邃的"思想家"。

这样的企业家，熟谙经营之道，对自己的企业和行业有着深刻的理解，对经济形势和社会趋势有着独到的思考。这样的企业家，强调观念先行，注重知行合一；这样的企业家，在决策中不糊涂、发展中不迷茫、困难中不彷徨，从而带领企业坚实前行，从一个台阶迈向一个更高的台阶。

南存辉是身体力行的实干家，也是智慧超前的"思想家"。

他的思想，以及由此凝聚起来的企业精神与价值理念，引领着正泰集团稳健发展。三十多年间，正泰从低压电器元器件到中高压输配电设备，从电气制造到新能源、高端装备，从家庭作坊式小厂到国际化公司……谱写了一家民营企业从"草根"出发不断成长壮大的辉煌篇章，并成为中国民营制造业自主创新、转型升级的"样本"企业。他的许多想法、观点，站位高、立意深，使之成为业界公认的"中国新兴民企代言人"。

南存辉表达思想，善于化繁为简，化抽象

为形象。通常，一个比较深刻甚至比较深奥的道理，他能用一些非常浅显的语言描述，或者讲一段寓言，或者用一个小故事，不显山不露水，让人轻轻松松就能领会。这使他的讲话、演讲等，平添了许多趣味。几年前，笔者据此创作的一本《南存辉讲故事》甫一面世，引来广泛好评，被书评家们称作"做人做事的信条"，许多企业还将该书作为员工内训的教材。

思想需要与时俱进，作品也要推陈出新。中国经济进入新常态，正泰发展迈向新阶段，南存辉对企业、行业，以及对社会的思考，也上升到更高的层面。于是，在《南存辉讲故事》基础上升华、改版而成的《南存辉观点》一书应运而生，成为读者新的期待。

全书包括"管理观——创富辩证法""育人观——别人为什么听你的""发展观——缤思无国界""文化观——文化是贯穿企业的线索""修身观——人做好了，事也做好了"五章。各章内容相互关联又各有侧重，构织成南存辉闪耀的思想脉络，并将这位民营企业家的趣味管理智慧生动地呈现于读者面前。

我们期望，这本书能给您带来不一样的阅读体验！

唯有智慧　才能生存

胡宏伟

　　南存辉无疑是我所熟知的无数温州商人中最卓尔不群的智者。

　　大概 20 几年前，时任新华社浙江分社记者的我第一次采访南存辉，这位当年知名度远不能与眼下如日中天、遐迩皆闻比肩的小个子男人就让我留下了刀刻般的记忆。南存辉有极好的逻辑思维，你的采访提问话音刚落，他几乎不假思索，环环紧扣、步步推理的几个方面的清晰阐述便已侃侃而来。我以为，哪怕长年浸淫官场的地厅级高官，逻辑思维能力之强大亦不过如此。采访交谈时，正如廖毅在本书中所记录的那样，再高深的概念、再复杂的提问，南存辉总能用一个比喻、一则故事甚至一句自己乡间的俚语，讲得明明白白。和南存辉交流，不累。

　　开口就是大白话，却 Hold 住缜密逻辑，说得清楚天下道理，这令南存辉和他身边无数温州商人相比凸现出了迥然不同的质感，某种意义上也决定了同样拼搏数十载后彼此迥然不同的商业成就与人生高度。

其实，在中国"最盛产老板"的温州并不缺乏聪明人。改革开放30余年，温州人塑造的强烈的自我形象一是肯吃苦，二是胆子大。至于这一独特商人群体的聪明水准自不在话下——人不聪明还能当老板？有不少学者甚至将温州人的聪明与犹太人相提并论。的确，两者有着太多的共同点：四海为家、精于经商理财，对把玩货币皆有近乎潜意识的极到位的感觉。但是，与孕育了马克思、爱因斯坦、弗洛伊德等世界级伟人，在世界范围的哲学、科技、金融、法律领域都有无与伦比表现的犹太群体类比，很多情形下，我更愿意将温州人的聪明理解为一种狡黠：为了追逐具有摧毁性竞争力的价格低廉，温州产品的假冒伪劣曾经登峰造极。即便这只是历史演进难以逾越的片段，也不应该成为自我粉饰的托辞；善于抢抓机遇的背后，是见缝就钻的潜规则本能，是对制度的不尊重和对商业博弈准则的漠视；"全民言商、人人做老板"的浓郁氛围之下，商业利润至上的极端功利主义、短视投机的机会主义暗潮涌动、经久不息。

屈指算来，自1986年始，由于温州之于中国改革史无可替代的样本价值，我在媒体生涯中曾32次寻访这片神奇的土地。为了家人和家园能挣脱百年贫困不惜流汗、流泪乃至流血的执着与坚韧，让我始终对温州人怀有一份发乎内心的敬意。然而，正如同一枚硬币有其两面，狡黠得甚至有些不计后果的温州人又总是将观察者推向颇为尴尬的爱恨交加境地。

南存辉是温州人的一员，但他无疑超越了普通温州人的狡黠。2008年，我在撰写《中国模范生——浙江改革开放30年全纪录》书稿时，对

序言：唯有智慧　才能生存

南存辉有这样一番描述："南存辉生就一副方方正正的国字形脸庞，与他交谈，许多人留下了良好的第一印象——很可能也是永远的印象：朴实、聪慧、诚信。"显而易见的差别在于，南存辉式的聪慧，与"朴实、诚信"为伴，植根于独特的自我秉性与阳光、健康的价值观土壤。南存辉创立的正泰集团诞生于当年温州假冒伪劣最猖獗的乐清县柳市镇，但南存辉却在"不假冒就是傻帽"的泥潭中第一个高擎起"质量就是良心"的大旗。因为他坚信：唯有"正道"方能"泰兴"；南存辉被人称作"温州最大的老板"，身家早已名列福布斯中国富豪榜，但南存辉始终将"争创世界名牌，实现产业报国"视作企业成长的理念甚至信仰。因为他深知：利润之上还有责任与担当。

小聪明还是大智慧，南存辉选择了后者。企业与人生进化的路径就此分野。

南存辉的智慧从哪里来？毫无疑问，首先源于天分。南存辉从小聪明过人，小学到初中曾三次跳级，因为成绩好还一直担任班长。然而世事难料，他父亲在一次劳作时不慎被沉重的水泵砸碎脚骨，丧失了劳动能力。长子南存辉无奈辍学，接过父亲的修鞋摊以补家用。那一年，他13岁，离初中毕业还剩15天。

南存辉清楚地知道，人的智慧绝不能仅仅仰赖与生俱来的天资，唯有不断学习，才能让智慧永续生长。早早被迫远离了学校，他就继续在创业实践中学习、向企业前辈学习、向竞争对手学习、向任何比自己更有智慧的人学习。以浙商为样本，中国民营企业家的进化转型路径大抵可以分为三种：一是天赋型。其依托的核心能力是优秀企业家最为稀缺的直觉禀赋，他们在群体中的比例仅 1%，可遇不可求。代表人物：阿里巴巴马云。二是尾随型。出身卑微、知识素养不足、创业起点低，不管你是否愿意承认，他们仍是当今中国草根民间资本的主体，艰难超越自我，却只能尾随时代。他们在群体中占据了最大多数的约 70%。三是学习型。同样出身草根，却始终以开放的胸襟、国际化的视野追赶时代，通过不断学习，让自己从狂放的野草日渐长成参天大树。他们在群体中的比例约 30%，却足以引领方向，决定中国民营经济的未来。代表人物：正泰南存辉。

因为懂得学习，南存辉"永远年轻"；因为善于学习，南存辉的小智慧可以变成大智慧。

廖毅在本书中所记录的南存辉式的智慧涵盖面颇广，有做人智慧、做事智慧、创业智慧、创新智慧、管理智慧、经营智慧等等，其间最耐人寻味的是其作为一位中国民营企业家的政治智慧，或者说是最具中国特色亦最具争议性的企业家智慧。

对此，南存辉曾有过如下一段意味深长的自我解读："作为一个企业家，政治就是天。天气好出太阳了，被子霉了可以晒晒呀！如果刮风下大雨，你却把被子拿出去，肯定会闯大祸嘛。"

政治是天，那么企业家又是什么？不少人因此质疑南存辉的所谓"政治经济学"情结，甚至将其比喻为胡雪岩式的当代红色老板。

且慢泛道德化的质疑，不妨先让我们将目光放远。中国最早有文字可考的商业活动，是公元前 1800 年夏朝中期殷人"肇牵牛车而远贾"，居住于今河南商丘的商始祖王亥带领商族人用帛和牛当货币，在部落间进行交易。"商人"一词即由此而得名。然而在绽现人类商业文明最早一缕曙光

序言：唯有智慧 才能生存

的中国，商人从来是被妖魔化、边缘化的族群："士、农、工、商"社会百业，"商"毫不犹豫地被位列其末。商人在中国历代正史文献中几乎了无踪迹，唯一例外是汉代司马迁记录 21 位当朝富商的《史记·货殖列传》，但也被排在算卦和看相的《日者列传》《龟策列传》之后，为全书之"末传"。

与商人的落寞对应，则是政府及其代表的政治话语的强盛与辉煌。自第一个真正建立完备的中央集权制度，以铸钱、煮盐、冶铁全盘国营化及实行"均输""平准"流通国有化而至民间工商业者哀鸿遍野的汉武帝刘彻始，两千年以降，商人与政府平等相对从来是一个遥不可及的梦。只有当历史走入改革开放 40 年，中国民营企业家方才登上政治与社会地位的高级平台。至今，对中国民间资本力量而言，政治仍不是一道以你愿意与否为原点的可有可无的选择题，而是你将用怎样的智慧去面对。

南存辉清楚如何用自己的智慧"讲政治"：正泰是浙江私营企业中最早一批成立党支部的，是温州民营企业中第一家成立党委的，仅仅迟于"中国第一个"的浙江传化集团党委约 3 个月；正泰每年接待参观、考察者达数万人次，堪称中国民营企业之最，其中包括了最高层的中国政要。

南存辉长期以超越商人群落的眼光观察思考问题，他的企业管理价值观的基点不再是单纯的利润多寡，而是内涵更为深厚的中国式"政治经济学"。也有人批评南存辉把太多的精力花费在接二连三的政治活动上。但更多的人都明明白白地看到，也许是大方向"把握得精准"，南存辉的企业在 30 余年间令人信服地健康成长。这让那些批评的声音显得苍白无力。

政治是天，注定了你无从躲闪。关键在于，你能否懂得进退，谨持官商之道，又从不迷失，笃守作为一位企业家的本分与坦荡？南存辉做到了。

清末民初大学者王国维曾将"众里寻他千百度，蓦然回首，那人却在，灯火阑珊处"定义为人生第三重境界即最高境界。同理，人的智慧亦分为不同境界。廖毅在本书中描述的南存辉的智慧空间由我看来大抵也可以分为三重境界：一曰如何做事做人的智慧境界；二曰如何办好一个现代企业的智慧境界；第三层智慧境界又回到做人，但不是前者的低层次回归，而是螺旋跃升的修身。在东西方文明谱系比较中，禅悟与修身恰恰是东方哲学最为独特、深厚的精神世界，得与舍、惑与不惑、拼搏与放下，没有什么你死我活的黑白分界，总有一种境界能让彼此超越世间欲望抵达天高云淡的平和。这，才是我们曾经拥有的真正中国式的最高智慧。只可惜，我们早已与之渐行渐远却浑然不觉。

南存辉心里清清楚楚地安放着这样的一个智慧境界，并努力践行之。为了那一份向往与抵达，他发挥了自己善于学习的优势。对南存辉影响最大的无疑是当代国学大师南怀瑾，高山仰止间，他从一点一滴真切地体味、领悟大师的智慧境界。当下，"大师"一词在中国已俨然成了敏感字眼，狭隘而偏激的唯物意识令国人莫衷一是。没有登临过高山之巅，自然无法想象天地之大。在很多情形下，我们迷茫的人生需要大师的指引，大可不必让一些虚妄之士无端的言行辱没了大师的清白名声。

智慧无止境。行者南存辉累积跬步，力求站得更高，想得更深，看得更远。

的确，有太多的事实明证，欲望是推动社会发展的源动力。但我个人更愿意相信，一如南存辉的观点所昭示，唯有智慧，才能生存，智慧真正是人类进步永不枯竭的正能量。在这个日益物质化的世界里，归属于精神

序言：唯有智慧　才能生存

范畴的智慧其实同样无所不在，但智慧往往如同一闪而过的一道光，你稍不留意就会消失不见。感谢廖毅，作为值得尊敬的追随者，他以自己服务正泰20余年的独特视角，真实记录了南存辉讲述的故事以及讲故事的南存辉，才使得我们有机会通过本书分享这位中国民营企业标杆人物的智慧人生。

是为序。

（胡宏伟：财经作家，高级记者，浙江省浙商研究会执行会长，《中国模范生——浙江改革开放30年全记录》《温州悬念》《非常营销》等畅销书作者。）

壹 **管理观**
——创富辩证法

"正泰"的名字里蕴含了什么样的成功因素？如何把握好企业发展中的重要节点？如何在事业顺风顺水的时候保持清醒的头脑，控制自己的欲望？如何蛰伏和做大？如何突破不期而遇的种种危机？

（贰）育人观
——别人为什么听你的

什么样的干部是企业最需要的？如何做一个有智慧、有情商的企业管理者？企业应从历史事件中吸取什么样的经验教训？

（叁）**发展观**
——缜思无国界

中央政策如何变成企业机遇？面对跨国公司，中国民企应该做点什么？中国制造业之路怎么走？浙商的未来在哪里？

肆 文化观
—— 文化是贯穿企业的线索

为什么说"赚钱第一，不是唯一"？曾经的"地铺之交"给了正泰什么样的精神传承？南存辉怎么解读他的"政治经济学"？民营企业应该确立什么样的"中国梦"？

（伍）修身观
——人做好了，事也做好了

企业家的"定力"是怎样练就的？一个人如何才能得道多助？国学大师南怀瑾给了南存辉什么样的做人"秘方"？

第一章 管理观

——创富辩证法

"正泰"的名字里蕴含了什么样的成功因素？如何把握好企业发展中的重要节点？如何在事业顺风顺水的时候保持清醒的头脑，控制自己的欲望？如何蛰伏和做大？如何突破不期而遇的种种危机？

"改革"是时代重要命题

在全国性的学"习"热潮中，南存辉感触最深的是"改革"二字。他在浙江省工商联系统学习会上的一次发言，集中表达了他的观点。

"习近平总书记系列讲话中，改革是个重要的命题，而且常讲常新。"南存辉谈到，在 2013 年 12 月 31 日召开的全国政协新年茶话会上，习总书记说，风云变幻，最需要的是战略定力；竞争激烈，最重要的是激流勇进；迎接挑战，最根本的是改革创新。改革，最本质的要求就是创新。"苟日新，日日新，又日新"，是对中华民族创新精神的最好写照。这段话，深刻阐述了改革的实质及其重要性，表达了党中央坚定不移推进改革的决心，为各项事业的发展指明了方向。正泰集团是国家改革开放催生的产物，也是在改革开放的大政方针指引下成长壮大起来的一家民营企业。

他说，三十多年间，正泰坚持"听中央的、看欧美的、干自己的"，以企业产权制度为核心，持续开展技术、管理、文化、商业模式等一系列改革创新，不断转型升级，形成涵盖"发电、储电、输电、变电、配电、用电"的电力全产业链，并将一个家族企业发展成为一个社会化、国际化、科技化的现代企业。党的十八大以来，我们又抓住供给侧改革的新机遇，顺应未来趋势，坚持市场导向，优化产业结构，加快光伏新能源、智能制造、国产高端装备、石墨烯及储能新材料等开发应用步伐，推进正泰云平台和工业物联网、能源物联网建设，致力于打造"全球领先的智慧能源解决方案提供商"。

学习会上，有媒体问南存辉，正泰的终极目标是什么？

南存辉略作思考，回答道："我们的终极目标是，让电力能源更清洁、更便宜，无线、移动更安全。我希望在未来的某个时点，人类的生活会因正泰而改变，正泰也会因改变了人类生活而成为受人尊敬的企业。"

然后又回到改革的话题上。他认为，要实现这一目标，靠的还是国家政策的大力支持和不断深化改革的大环境，靠的是企业持续不断的创新投入和"咬定青山不放松"的执着精神。习总书记说，改革只有进行时，没有完成时。对企业来说，创新只有起点，没有终点。

"借用近期央视热播节目《将改革进行到底》的片名，只有将改革进行到底，将创新做到极致，国家才有希望，企业才有未来。我们将不改初心，砥砺前行！"

正，即正道、正宗、正气；泰，即安全、可靠。古语说："正气泰然""三阳开泰"。这就是"正泰"最初的含义。

正名：正气泰然

正泰集团的前身是1984年创办的"乐清求精开关厂"。

1991年，"求精"一分为二。为争取政策支持，求得更快发展，南存辉决定组建合资公司。

新公司呼唤新形象，新形象预示新希望。该给这样一个全新的公司取个什么样的名字呢？南存辉颇费了一番思索。

有一次，他曾专门谈起"正泰"一名的由来：

"1991年求精厂分家那阵子，柳市电器企业无序竞争非常严重。有许可证的、没许可证的，质量好的、质量差的混在一起，一些人不按常理出牌，把市场搞得很乱。这时我能想到的是，做企业要先做人。我们当时想了很多好听的名字，如美佳美、恒丰等等，为的是讨个彩（吉利的意思）。后来我想，不管多么好听的名字，首先是做人要正，做事要正。但是'正'

什么呢？一时想不出用什么词。查字典也查不到合适的。一次偶然的机会，我们发现一张从香港购买设备时开的发票，那家商店名称好像是叫'丰泰'。我觉得这个'泰'字蛮好的，做人要正直，处世要泰然，把这两个字连起来就叫正泰。那个时候没有什么宏伟理想，只是想做人要做正，做事要做正，企业才会稳如泰山。后来，经过专家们的提炼，解释就多了，赋予了许多新的理念。说来也怪，我们取名正泰以后，什么泰都出现了。金泰银泰上泰下泰左泰右泰，随处都是泰。我们是正泰。正，即正道、正宗、正气；泰，即安全、可靠。古语说：'正气泰然''三阳开泰'。这就是'正泰'最初的含义。"

此后，一批批领导、专家前来考察，无不为"正泰"蕴含的文化内蕴而叫好。原中国消费者协会会长曹天玷1997年到正泰考察，欣然题词："正牌，正品，正泰人创造；泰顺，泰兴，国泰皆民安。"由中国经济出版社出版的"中国企业管理科学案例库正泰专辑"，书名就叫《正道泰兴》。

关于正泰的英文商标"CHINT"也有一段有趣的故事。

起初的商标是"正泰"的拼音缩写"ZT"，后来发现该商标与工厂里检验螺纹时用的器具"止通规"的拼音缩写一样，当地人说这不吉利，也不够国际化。于是，两年后就把拼音换掉了，并请了专门的机构设计英文商标。当时有两个方案，一个是"CNT"，南存辉认为从"正泰"到"CNT"跨度太大，没有采用。另一个方案是"CHNT"，但不好发音，后来在"H"上点了一个红点，改为"CHINT"。

有人将这个英文商标进行了多种演绎。有的说可理解为"China's World Trademark"，意为"中国的国际品牌"；有的说是

正名：正气泰然

"Cunhui Nan"，即南存辉的英文拼写；还有人说商标中的"T"是天下的意思，暗喻正泰产品走向世界，遍及天下。

说法多多，但南存辉还是比较喜欢"China's Tomorrow"，意为"中国的未来"，正好契合了他"争创世界名牌，实现产业报国"的愿望。

后来，常有领导和专家勉励说，当今中国，低压电器行业做得好的企业不多了，一些老牌企业不是被跨国公司兼并，就是经营业绩急剧衰退，振兴中国低压电器业的重任就落到正泰人的肩上了。

这样一来，"正泰"的内涵里，便多了一份沉甸甸的社会责任意识。

南存辉的心里，也多了一份沉甸甸的社会责任感。

正泰的性格首先是创新，其次是分享，再次，就是包容。

正泰的性格

中央电视台记者前来采访，问了南存辉一个问题："你认为正泰的性格是什么，换句话说，正泰有些什么样的特质？"

南存辉略做思考后，说了三个关键词。

"首先是创新！"他说，创新是企业的源泉，支撑了正泰的发展。正泰创业30多年来，从低压电器元器件到中高压输配电设备，从电气制造到新能源、高端装备，从家庭作坊式小厂到初具国际化经营能力的公司，之所以能不断转型升级发展，靠的就是坚持不懈的技术创新、管理创新、制度创新和商业模式创新。没有创新，就没有今天的正泰。

"其次是分享！"他说，"正泰的文化既是创新文化、创业文化，也是分享文化。我们'坚持围绕实业、创新驱动理念不动摇，坚持以人为本、价值分享文化不动摇'。对正泰产业链上游的供应商和下游的经销商，采取'以大带小'的帮扶形式，带动他们共同发展。对忠于职守、贡献突出的各类人才，采取多种形式进行激励。我们还在企业内部推行'把股东培养成能人，把能人培养成股东'的'双培'计划，以此增强大家作为'正泰人'的荣誉感、责任感和归属感，让员工融入企业大家庭，与正泰发展共成长。"

"再次，就是包容。"他说，"当年林则徐出任两广总督时，曾以'海纳百川，有容乃大'之句自勉，寓意要有大海容纳无数江河水一样的宽广胸襟，以容纳别人的不足来形成不同寻常的胸怀和气度。正泰三万多名员工，来自全国各地甚至不同的国家，他们有不同的习惯、不同的性格、不同的文化背景，怎样把他们团结融合在一起？这就需要我们有海纳百川的胸怀，有兼容并蓄的气度。我们营造'尊重成功，宽容失败'的创新文化，也是一种包容。正是这种包容文化，凝聚了各路人才，保持了创业的动力，增强了创新的活力，正泰全球化的事业才一步步发展壮大起来。"

说天时、地利、人和也好，说阳光、土壤、种子也好，都强调了政策、环境和人的作用。

阳光·土壤·种子

在过去很长一段时间里，南存辉将正泰的成功归结为"天时、地利、人和"。天时，即党的改革开放政策；地利，即温州社会化大生产、大协作的环境；人和，即各级领导和社会各界的大力支持，以及全体员工的团结奋斗。

他把这看作正泰得以成功的"三大前提"。这一度成为温州很多民营企业汇报经验时参照的"范本"。

后来，南存辉在接受媒体采访时有了新的表述。

"正泰能有今天的成就，首先是我们遇上了改革开放政策的'阳光'！"他说，阳光充足，植物才能生长。有人说温州人天生会做生意，这话不假。但为什么在改革开放前长期贫穷？就是政策不允许嘛。政策不允许，再会做生意也没有用。所以，要把政策当作阳光。阳光明媚，万物方能复苏。

其次是土壤。温州民营经济发达，民间资本丰富，而且创业意识强，创业氛围浓厚。"人人都想当老板"，这是温州民营企业发展得天独厚的"土壤"。

有了充足的阳光，有了肥沃的土壤，没有好的种子，还是长不出好的庄稼来。南存辉所说的"种子"，是指企业的经营团队。有一支团结的、进取的、创新意识强烈的队伍，企业才能经受住各种挑战，才能取得持续的发展。

其实，说天时、地利、人和也好，说阳光、土壤、种子也好，都强调了政策、环境和人的作用。

南存辉曾说政策是"天"，老百姓都知道"靠天吃饭"的道理。作为企业，是不能"逆天行事"的。不一样的政策，就会有不一样的结果。没有改革开放的阳光雨露，就没有民营企业的蓬勃发展。

环境当然至关重要。为什么在同样的政策下温州赢得了先发优势，而不是其他地方？最大的区别就在于环境。南存辉称之为企业成长的土壤，这是再恰当不过的比喻。

至于人，历来是个不可或缺的因素。可以说，在同样的政策、环境下，人的因素是决定性的因素。企业的竞争归根结底是人的竞争，任何轻视甚至忽视人，尤其是忽视人才团队培养和使用的企业，都是注定没有明天的。

一项事业的成功，当然离不开个人的能力。可以肯定地说，正是一大批经历过市场洗礼、具有丰富经验和经营能力的企业家，演绎了中国民营经济的"活剧"。但如果没有政策提供的大好机遇，没有相适应的环境，没有一个强大的团队支撑，再能干的企业家也只能徒呼无奈，英雄无用武之地。

　　从这个意义上讲，南存辉的"阳光、土壤、种子"之说，认识更进一步，体会更深一层。

对待财富，就要像对待水一样。如果你是缸，你的容量就是一缸水；如果你是海，你的容量就是全部水流的总和。缸和海的区别就在于前者是自我封闭的，后者是开放通达的。

对待财富，要像对待水

南存辉应邀出席上海电视台《财富人生》节目开播六周年纪念活动，并作 5 分钟专题演讲。他在这次活动中被授予 2007 年度中国智慧大奖。

组委会发给南存辉的邀请函中，对他的演讲主题提出了这样一段建议：

关联经典："大成若缺，其用不弊。"——《道德经》

演讲内容：从"大成若缺"的典故，延伸到"财聚人散，财散人聚"的真实体验，讲述您心目中什么是真正的成功，什么是真正的财富人生？

这算是一次"命题作文"。

南存辉在 5 分钟的时间里大体讲了如下内容：

老子的《道德经》里有两句经典之语，最能说明成功与财富的关系。

第一句叫作"大成若缺，其用不弊"。意思是说，最完善的事物和行为似有缺憾，其用却无弊端。熟悉我的人知道，我是修鞋出身，所以我见过各种各样的鞋子，张开了嘴巴的，露出了胸膛的，踩断了后跟的，这还不仅是"若缺"，而是"大缺"。但鞋子的主人依然舍不得丢弃它，因为他们知道经过修理之后，"其用不弊"。

所以，要我说什么是真正的成功，成功是一种相对价值的体现。过去的我，能够帮赶路的人修好鞋子继续赶路，就算是"不弊"，就算是成功；今天的我，能够通过办企业、生产产品、创造效益、回报社会，也算是"不弊"，也算是人们所说的"成功"吧。

第二句话叫"大盈若冲，其用无穷"。意思是说，最圆满的事物和行为若有不足，其用却无穷竭。这就告诫我们，要学会虚怀若谷，才能够海纳百川。对待财富，就要像对待水一样。如果你是缸，你的容量就是一缸水；如果你是海，你的容量就是全部水流的总和。缸和海的区别就在于前者是自我封闭的，后者是开放通达的。

老子的话语里充满辩证法。

我在二十多年的创业实践中，深深感悟老子这一思想的博大精深。所以，我非常重视财富的流向与再造，并提出了"财聚人散，财散人聚"的观点。多年来，我们在依法经营、保证企业持续发展的同时，积极回报社会，先后为抗洪抢险、扶贫救灾、希望工程、光彩事业、艾滋病防治、激励青年创业等社会公益事业捐资一亿多元。同时，我们还在全国民营企业里率先推出全员社会劳动保险、医疗保险等，帮助员工解除后顾之忧。

对待财富，要像对待水

我们的想法，就是希望通过我们倒出的也许是微不足道的一瓢"水"，让更多的水流汇集起来。循环充盈的财富，才可以"其用无穷"，实现价值的最大化。不仅是经济价值的最大化，也是社会价值的最大化。

说到这里，大体可以表明我对成功与财富的理解。在我看来，成功是一种感觉，一种被人需要的荣誉感、认同感。因此，只要去努力了，即使仍然存在这样那样的不足，我们都应该坚持，应该珍惜，应该满足。至于财富，我的理解就是一种责任。创造财富的过程，不仅仅是金钱的积累过程，更是一个人精神升华的过程。所以，我们可以做到不该赚的钱不去赚！不该做的事不去做！面对跨国公司巨资收购的诱惑，我们毫不动心！面对外资企业的控制、打压，我们处变不惊！

我们将正泰的经营理念确立为"为顾客创造价值，为员工谋求发展，为社会承担责任"。我们的成功，与顾客和员工同在；我们的财富，与社会共享！

随后是与金庸、冯仑等文化、商界名流的对话。几位嘉宾唇枪舌剑，谈文化、谈商业、谈财富、谈人生。妙语连珠，引人入胜。

末了，主持人要求每个人说出自己成功的三个关键词。

"执着、创新、分享！"南存辉这样归纳。

他认为，一个人要取得成功，首先要有执着的精神，这是成功的前提。如果一个人对自己选定的目标不执着，浅尝辄止，半途而废，成功便无从谈起。

其次是强烈的创新意识。没有创新意识，一切按部就班，很难有所作为。不少人奋斗一生，碌碌无为，很大程度上就是缺乏创新意识和能力的结果。

　　最后是要有乐于分享的胸怀。乐于分享，舍得让利，善于合作，才会凝聚人心，得道多助，获得成功。一心只顾自己，不懂得分享，不愿意分享的人，很难有真正的成功。

旧名片中有真理

出乎意外地，南存辉看到了一张自己多年前用过的名片。

2012 年 11 月 25 日下午，在中国教育电视台励志节目《助跑 80 后》录制现场，主持人突然爆料，要给南存辉一个惊喜，随即递给他一个牛皮纸信封。

南存辉小心翼翼地打开信封，脸上掠过一丝不易觉察的兴奋。

"哎呀，这是我创业初期的一张名片！"他说。

那是一张已经发黄，而且有些褶皱的名片。上面印着：

浙江省乐清县求精开关厂

南存辉　厂长

通讯：乐清县 273 信箱

地址：柳市电器总厂

电话：72271 72262 电报：9202

名片的左上角是一个印有"乐求"字样的地球商标。"乐求"是求精厂产品的品牌，地球也正是"求精"乃至"正泰"最初的商标图形。

主持人揭开这张名片的来历。原来，节目组锁定南存辉作为这一期《助跑80后》嘉宾后，编导就在网上搜索有关南存辉的信息，希望淘到一些象征他创业艰辛的纪念物。结果，一位网友在微博上告诉她，自己在家中找到一张南存辉的名片，如果需要，他可以借给节目组用。随后，他用挂号信把名片信寄了过来。从信封落款来看，名片寄自南存辉的起家之地乐清柳市，但出于名片持有者与编导之间的保密约定，主持人没有说出他的姓名和身份。

"您由这张名片想起了什么？"主持人一句问话，把南存辉的思绪带回到20世纪80年代那段难忘的岁月。

南存辉说，办厂之初，处在全国各地对温州产品"假冒伪劣"的声讨中。他和合作伙伴把工厂定名为"求精开关厂"，就是要发扬"精益求精"的精神，走一条质量兴业之路。但在当时的情况下，他们一无技术，二无人才，更无资金，怎么办？他们想出的高招只有一个：求人！

经人介绍，南存辉先找到了上海人民电器厂退休师傅王中江、蒋基兴、宋佩良三人，请他们"出山"。开始，几位师傅一听说要到温州那个交通不便还"臭名远扬"的地方，一千个不愿意，家属也极不放心，怕他们不习惯温州的生活。南存辉便从他们的老伴入手做工作，苦口婆心，百般诚

旧名片中有真理

恳，再三表态一定会像对待自己的父亲一样照顾好老人。南存辉在温州和上海之间频繁往返，为了省钱，只能在价格最低的旅馆里打通铺休息。遇到冷天，旅馆里没热水，只好在房间来回跑热后，赶紧洗澡睡觉。很多时候，他在师傅家呆晚了，也只好将就着，打地铺住在他们家里。

主持人打趣地说："您这是赖吃赖住啊！"

"是啊！"南存辉坦言，几位师傅家里，他都打过地铺，也在他们家吃过饭。时间一长，他和几位师傅亲如家人。他的诚心，最终打消了家属们的顾虑，也感动了三位老师傅。他们三人同时出马，成为"求精"第一批工程技术人才。正是在他们的热心帮助下，求精开关厂在低压电器行业首批获得了国家颁发的生产许可证，这为"求精"脱颖而出，并在同行业后来居上立下了汗马功劳。

在如饥似渴"求人才"的同时，南存辉也千方百计"求资源"。刚开始，厂里没有模具，他就求人帮助做模具，或者利用别人的模具。他们无钱采购零部件，就找到外协厂家，磨破嘴皮子，先将需要的零部件赊账拿来，组装好产品并卖出去后，马上付款。由于他们很讲诚信，说到做到，逐渐和一些外协厂家结成了很好的合作伙伴。久而久之，这种"先欠后付"的方式约定俗成，成为"求精"乃至以后"正泰"有效利用社会资金的一大特色。这在很长一段时间里，大大缓解了企业资金压力，提高了资金利用效率，为企业快速成长创造了条件。

回顾当初这些经历，南存辉悟出的道理是："求人"一定要诚心，一定要耐心，而且要让对方看到你的事业心，看到你的发展前景。

"名片背后还有王工当时的家庭地址和电话呢！"南存辉翻过名片背

面，向观众展示，果然留着王中江师傅的住址和电话。而看那字迹，正是南存辉亲手所写。

如今，王中江、宋佩良、蒋基兴等老人已先后离世，当初那个小打小闹的"求精开关厂"也变成了闻名全国的"正泰集团"，但偶然出现的这张名片引出的故事却意味深长……

做减法，就是下决心把不相关、不熟悉、不赚钱的项目砍掉，让企业主体更加精干，拳头产品更加突出，品牌影响力更加强大。这样，企业自然而然就发展壮大了。

用减法做大企业

在许多场合，谈到正泰的成功经验，南存辉通常会强调一条："我们坚持用加法做强产业，用减法做大企业。"

开始很多人并不理解，认为用加法做大企业，用减法做强产业还说得过去，怎么会用加法做强产业，用减法做大企业？

听得多了，也就明白了个中道理。

关于用加法做强产业，在国家知识产权局举办的一次讲座上，南存辉这样表述："我们民营企业资源本来就不多，人手不够，技术也不够先进，我们所有的工作都是慢慢做起来的，一点一滴做起来的。有些民营企业，这也搞，那也搞，多元化发展，做得好当然是很值得敬佩的。但我觉得，在自身企业还没有做大，特别是没有做强，还没有成为全球前一二名，或者前三名之前，最好是尽量避免多元化。也就是说，要尽量把资源用在主业上。比如我做输配电，我做高低压电器，我做新能源，这都是一条线上的，紧紧围绕'电'字做文章，用加法，不断地整合，不断地延伸，产生持续效应。我觉得这样做效率可能更高，效益可能更好，竞争力会更强。所以这么多年来，我们坚持做加法，通过内部扩展和对优势企业进行兼并组合等方式，把产业链拉长，最终形成了正泰独特的产业链整体竞争优势。"

在浙江舟山的一次论坛上，他把这种做法称为"聚焦法"，就是聚焦主业，把各种资源优势叠加在上面，使主业能够做强做大。

关于用减法做大企业，南存辉解释为"剥离法"。企业做到一定程度的时候，诱惑太多，人的欲望无止境，难免会头脑发热，贪大求全，把一些自己不能做、不会做的产业或产品通通接纳进来，摊子铺得很大，很壮观，结果做不好，不盈利，欲速则不达，求大而不得，反而拖累了企业的发展。这个时候要做减法，就是下决心把不相关、不熟悉、不赚钱的项目砍掉，让企业主体更加精干，拳头产品更加突出，品牌影响力更加强大。这样，企业自然而然就发展壮大了。"做专才能做好，做好才能做精，做精才能做强，做强才能做大，做大才能做久。"这就是他对"用减法做大企业"的最好诠释。

南存辉特别欣赏那些在某个产品或产业上精耕细作，最终成为行业老大的企业。

"人一辈子做成功一件事就已经很足够，已经很不容易！"他说，大家都去做空中客车，都去造大飞机，显然是不可能的。但如果选择了某个行当，并坚持做下去，哪怕是个很小的事情，也能做成很大的生意。肯德基、麦当劳无非就是卖面包，结果却卖成了世界行业老大；娃哈哈做纯净水，也能做成中国首富，这就是专业化经营的成果。说明只要我们专注于某个产业，甚至依靠某个产品，也能做出惊人的成就。

他由此引申："没有夕阳的产业，只有夕阳的产品；没有疲软的市场，只有疲软的思想。我们要看清自身优劣势，用好加减法，能做大文章。"

我们在和所有跨国公司的谈判中，都将"不放弃自主品牌、不放弃自主创新、不放弃自主经营"作为合作的底线！

100 亿不卖

2006 年 4 月 2 日上午，北京钓鱼台国宾馆。由中国国际关系学会、北京外国语大学等单位联合主办的"中国梦与和谐世界"研讨会在这里举行。南存辉应邀出席，与 100 多名专家学者围绕"中国梦"的内涵与"和谐世界"的理念、"中国梦"的理想与实践、"中国梦"与"美国梦"的跨文化比较等问题，进行了广泛交流。

关于这次研讨会的背景，由时任外交学院院长的吴建民亲笔签发的邀请函上写得很清楚：任何一个大国在迅速发展的过程中都会有自己的梦想。中国正处在一个重要的转型时期，迅速的发展和变化带来了重大的机遇，同时也会产生一些问题，甚至出现信念危机和社会失范现象。因此，无论是国家还是个人都需要有理想的支撑。"中国梦"的理念试图在国内提倡一种主流、健康和积极进取的社会意识，引导年轻一代树立正确的世界观，促进国内和谐社会建设；在国际上化解"中国威胁论"，加强中国的软实力，塑造中国负责任大国的国际形象，为创建和谐世界做出贡献。

而且，之所以邀请南存辉，是"鉴于您卓越的成就和巨大的影响力"。

南存辉在会前准备了一份讲稿，但临上场时，他发现自己想讲的很多东西，专家们都已讲得非常深刻，再讲就没有新意了。他被安排在上午的最后一个发言，"最后"的压力往往是最大的。

南存辉索性脱稿演讲。

他说，每个人都会有自己的梦。"在 2002CCTV 中国经济年度人物颁奖大会上，主持人问我最想说的是什么？我说：'我憧憬，在未来的世界电气领域里，有一个响亮的品牌来自中国，她的名字叫正泰。'这可以说是我们正泰的'中国梦'。随着正泰在国际上的知名度和影响力越来越大，很多跨国公司纷纷找上门来寻求合作，我们都抱着友好的态度，但必须本着'双赢'的目的。我们在和所有跨国公司的谈判中，都将'不放弃自主品牌、不放弃自主创新、不放弃自主经营'作为合作的底线！跨国公司经营可以没有国界，但都是有国籍的。我们办企业，不光是为了赚钱，更要为国家争光，为民族争气。这与我们追求'和谐'的目标并不矛盾。相反，只有自主才能自强，只有自身强大了，才能在和谐世界的构建中发挥更大的作用。"

他举例说，几年前一家跨国公司在谈判中提出以正泰当时总资产 20 亿元 5 倍的价格收购正泰，被他婉言谢绝了，因为这与正泰的价值观不相符。"我们的企业使命是争创世界名牌，实现产业报国，我把企业都卖了，还拿什么去报国？"

南存辉"100亿不卖"的故事，曾在坊间广为流传，更为业界同行所赞赏。他在这次研讨会上关于自己"中国梦"的一番阐述，同样引起了强烈的共鸣。

> 丰田汽车给我们的启发，一个重要的方面，就是基于市场细分的需要，一个企业可以同时拥有许多不同的品牌。

品牌可以"唯二"

不知不觉间，低压电器行业多了一个新品牌——诺雅克；正泰多了一个新公司——上海诺雅克电气有限公司。很多人诧异，这个带点洋派的新品牌是怎么来的，为什么要叫这个名称？诸多的疑问，在"正泰电器"上市路演中得到了圆满的解答。

当时，有家证券机构的研究人员问："正泰电器已是国内乃至国际低压电器行业的知名品牌，可我们看到，贵公司这次上市募集的资金主要投向是一个叫诺雅克的新品牌，这是怎么回事？"

南存辉回答说："正泰电器创业至今，已经20多年，在国内低压电器市场享受很高的声誉，在全球很多洲区的发展也比较顺利，但在一些区域却受到了不少阻力。比如美国，那里的市场很奇怪，技术标准不一样，准入条件不一样。特别是我们的英文商标CHINT，美国人发音发不出来，很费劲，发出来也不好听，所以，正泰产品在美国的市场开拓比较艰难。我们在美国的科技顾问建议，重新搞一个品牌，以满足美国这样的市场需要。经过反复研究、论证，我们注册了一个新品牌NOARK，中文名最初打算叫'诺亚克'，取自'挪亚方舟'谐音，意为搭上低压电器高端品牌的'挪亚方舟'。但我们在注册的时候被告知，'诺亚克'这个名称已经存在，不能再注册，于是改成了'诺雅克'"。

南存辉透露，在创立诺雅克的过程中，受到了丰田汽车的一些启发。

"丰田汽车给我们的启发，一个重要的方面，就是基于市场细分的需要，一个企业可以同时拥有许多不同的品牌。"南存辉说，刚开始，因为缺乏了解，他知道TOYOTA是丰田的，却不知道凌志也是丰田的。后来，他终于明白，TOYOTA和凌志都是属于丰田旗下的产品。而丰田旗下的高档车牌子，除TOYOTA和凌志外，还有皇冠、佳美等，都是它的高端品牌。据说，丰田全部系列有上百种，就算是同一个系列，在不同国家推广的名称也有所不同，而且还会针对不同市场的客户属性相应调整车的外形、配置。正泰尽管在国内市场上已经占据龙头地位，但由于出生地在温州，出生年份是在温州电器行业名声不佳的时候。受这种"连带效应"的影响，"正泰"给很多人的印象始终是一个低端品牌，这种印象一旦形成，很难改变，要想进入高端市场，难度确实不小。推出"诺雅克"，就是要专门针对不同的市场属性研发相应产品，而且为中高端市场量身定制，打造正泰旗下的"凌志""TOYOTA"。

因为起点高，定位准，有正泰母公司的雄厚实力做后盾，却没有"正泰"固有印象的历史"负累"，"诺雅克"甫一出世，就受到了业界关注，受到了消费者的青睐……

> 当时我们想的是，国家同意干，发改委支持干，肯定是好事，应该赶紧干。

"转"而有机

很多场合，很多人都会问及同一个话题："正泰本来是做低压电器出名的，怎么突然之间转身做起了太阳能呢？"

对于此类疑问，南存辉通常是会心一笑，然后以一句"机缘巧合"来作答。问的人不深究，答的人也就点到为止。

某日，国家电监会原主席、浙江省原省长柴松岳和国家发改委原副主任张国宝偕同来访。谈话间，南存辉说："我们转型做太阳能，还是在张主任的关心下做起来的！"

哦？张国宝似乎有些意外。

南存辉细说原委。

"党中央、国务院大会小会都提出要转型升级，走新型工业化的道路。好几年前，我们就在思考如何转型升级的问题。我们原来做高低压电器、输配电设备，虽然是在为电力建设服务，但这个领域都是处于后端的，主要是做配套。最前端的部分，比如发电，无论火电还是水电，都不是我们的强项。没有技术，投资也大，觉得不合算，也不合适。后来，看到国家'十一五'规划，要大力发展新能源。我们一看机会来了，也想往这个方向发展。"他说，"有一次，我们随时任国务院副总理吴仪率领的中国经贸考察团前往中东。考察间隙，考察团成员之一、还在国家发改委任职的张国宝主任找到我，和我分析了国内国际经济形势，然后对我说，国家鼓励发展风能，你作为一个比较有实力的民营制造企业，能不能也进来，搞风能设备制造，装备国产化。我认为很好，回来后当即组织专家论证，所有专家都表示赞成。当时我们想的是，国家同意干，发改委支持干，肯定是好事，应该赶紧干。美国斯坦福大学有个温州籍教授叫沈志勋，他是克林顿时代的美国政府能源顾问。早在十多年前，他就是我们正泰的全球科技顾问了。我就发展风能的打算向他咨询，并请他帮助引进技术、引进人才，他说搞风能不如搞太阳能。太阳能是什么？我当时一点概念都没有，沈教授耐心地告诉我太阳能是怎么回事。听明白后，我觉得做太阳能确实比做风能好，决定做太阳能。随后，相继请了一批专家过来，我们的太阳能产业就这样雄心勃勃地干起来了……"

说到这里，张国宝似有所悟。

"是有这么回事，有这么回事！"他说。

当听说正泰二代薄膜电池生产线稳定转换效率已达到 10.3%，居于全球同类技术水平前列；正泰入选 2010 首届"中国新能源企业 30 强"，并在美国 GTM 机构的"世界最有潜力光伏企业排名"中位列第六时，张国宝不住地点头，表现出极大的兴趣。

"我该检讨一下，我们当时确实比较重视风能发展，出台了很多优惠政策，培养了大批的风能骨干企业，而对太阳能理解、重视不够。现在看来，太阳能的前景也是非常好的，尤其是日本福岛核泄漏事故之后，大力发展太阳能、风能等清洁、安全能源，已成为更多人的共识。"张国宝认为，国家给风能的许多政策，完全可以移植到太阳能上来。而有了相应的配套政策，这个产业很快就能蓬勃发展起来。

"我和柴省长都会尽力呼吁一下！"张国宝表示。

看着正泰"长大"的柴松岳老省长也说，他虽然退下来了，但愿意尽全力为这个新兴产业的发展"吆喝吆喝"！

当今时代，企业要树立自信心，既不要妄自尊大，也不能妄自菲薄。只有敢于拿起法律的武器，才能维护自主创新的成果，才能在国际竞争中赢得自己的尊严！

亮剑的底气

钱塘江畔浙商云集。

以"创新·责任"为主题的2007年度风云浙商颁奖仪式，2008年1月12日晚在杭州大剧院举行。南存辉等10位"风云浙商"在这里受到隆重表彰，全国工商联原副主席、中国民营经济研究会会长保育钧给南存辉颁奖。

浙商群体总人数在400万以上。从2003年开始，由浙江经视等单位发起评选年度"风云浙商"，历经5届，已成为浙江传媒的一大活动品牌，并在中国经济界产生了较大影响。

在2003年首届"风云浙商"的评选中，南存辉与鲁冠球、冯根生、徐文荣、宗庆后等老一代企业家一起，被授予"资深浙商"称号。2005年，因正泰与世界500强企业美国GE的联姻而受到业界关注，南存辉也被列为当年的"风云浙商"候选人。但出于"让更多的年轻企业家脱颖而出"的考虑，他毅然选择了退出。这一次，南存辉又因正泰与另一家世界500强企业施耐德的专利官司而受到空前关注。同样出于"让更多的年轻企业家脱颖而出"的考虑，南存辉申请退出2007年度风云浙商的评选，但他的请求未被组委会接受，最后以高票当选。

组委会开列的入选理由是："2007年9月下旬，正泰状告全球500强之一施耐德电气的专利侵权案，以施耐德一审败诉而告一段落，施耐德需向正泰集团支付高达3.3亿多元的赔偿，并被勒令停产侵权产品。这是正泰多年坚持科技创新的结果。正泰拥有300多项国家专利，投资5000万元引进了荷兰KEMA实验室，形成了以温州为基地、上海为中心、北京和美国硅谷为龙头、相关科研院(所)为依托的信息网络和技术开发体系。迄今为止，正泰为公益事业总计捐款超过1亿元，2007年为'浙江省青年创新创业基金'捐款1000万元。企业连续多年排行温州民企纳税榜第一位。"

颁奖仪式的场面也是空前的。不仅有浙江经视现场直播，香港阳光卫视、阿拉伯商务卫视等也参与了播出。央视名嘴白岩松、浙江经视主播李艳等担纲主持。

宽阔的剧场流光溢彩，闪烁的镁光灯映照强者的辉煌。

"您觉得你们起诉跨国公司获得胜诉说明了什么？"

面对主持人的现场采访，南存辉再次重申了自己对于这起颇受世人关注的专利官司的见解："这起案件胜诉的意义，不在于能够得到多少赔偿，更重要的是，它以雄辩的事实证明，中国的民营企业尊重别人的知识产权，同时也拥有自己的知识产权。"

照例，每一位"风云浙商"要说一句获奖感言。南存辉的获奖感言是："当今时代，企业要树立自信心，既不要妄自尊大，也不能妄自菲薄。只有敢于拿起法律的武器，才能维护自主创新的成果，才能在国际竞争中赢得自己的尊严！"

坚守。底气。

这是主持人重复最多的词汇。

而亮剑者的底气，来自多年坚守磨砺的锋利之剑。

大屏幕上，一个浑厚的男中音念起了南存辉的"颁奖词"：

佩剑　是一位骑士的尊严

曾经　他手无寸铁

面对国际大鳄一次次的觊觎与刺探

他隐忍坚守

十年韬光养晦　十年卧薪尝胆

他以气血铸就自己的创新之剑

当对手再次袭来

骑士已拥有平等对决的利器

扬剑出鞘　剑光闪闪

那光芒

正是民族制造的精魂

……

别看它小，但正是这个产品，突破了跨国公司的知识产权封锁，走向了世界，进入了国际主配套市场，而且成为我国企业起诉跨国公司专利侵权案索赔金额最大的产品。

创新的具象

通透的大厅，鲜红的地毯，旋转的灯光。南存辉曾经无数次地出现在这样的场合，向观众讲述他的创业经历。

2007年9月13日晚，浙江电视台演播大厅。同样的场合，却显得有些庄严。这是"浙江青年创新创业基金"成立仪式现场。

"浙江青年创业创新基金"由共青团浙江省委联合有关部门共同发起，并由正泰等11家省内知名企业分别捐赠1000万元留本基金创设，以每年5%、约550万元增值，用于奖励和扶持浙江青年开展创业创新活动。基金主要为大学生群体的科技创新、就业创业，企业青年、进城务工青年的技术创新、创业发展，以及农村青年发展现代农业和来料加工业服务。

共青团向来是个非常活跃的群体。对于共青团组织开展的利国利民的活动，南存辉也一向持积极的态度——对 3 年前由团中央倡议设立的"中国中学生正泰品学奖"如此，对 5 年前由共青团浙江省委倡议设立的"浙江省贫困大学生（正泰）助学基金"也如此。

本次"浙江青年创新创业基金"成立，南存辉同样表示"带个头"。

"浙江青年创新创业基金"成立仪式，在欢快的情景歌舞《新青年制造》中揭开序幕。歌舞展现的是一幅当代浙江青年踌躇满志、积极投身创新创业、促进社会和谐的场景。

背景屏幕上是一组展现浙江经济社会大发展的画面。11 名捐赠企业家依次走过"创新创业大道"。

按照要求，每个人都带有一件具有特殊意义的纪念物。有人带的是一幅画，有人带的是一张照片，有人带的是户口簿，有人带的是一块特殊的"石头"。每一件纪念物背后，都有一段鲜为人知的故事；而每一个故事，都折射出主人公一段难忘的创业人生。

南存辉带来的是一个高分断小型断路器。这也是正泰日生产量全球最大、出口额也很可观的一个专利产品。他一出场，就引起了观众们的注意。

主持人问，这么一个小小的产品，它有什么纪念意义呢？

南存辉说，别看它小，但正是这个产品，突破了跨国公司的知识产权封锁，走向了世界，进入了国际主配套市场，而且成为我国企业起诉跨国公司专利侵权案索赔金额最大的产品。

在场的观众无不惊讶于这个不同寻常的纪念物背后隐藏的创新精神，更关注正泰下一步的举动。

"我们将高举自主创新的大旗，通过一系列节能、环保产品的开发，

创新的具象

促进产业升级和结构优化，实现企业可持续发展！"南存辉说。

这件产品被放入特设的捐赠纪念箱里，成为永久的纪念。

主持人希望南存辉为青年们说几句勉励的话。大厅里，响起南存辉铿锵有力的声音："对于正在创业和即将创业的青年来说，最重要的是要坚定信念，不畏艰难，敢于创业；摆正心态，谦虚学习，不断创新。只有这样，你的创业之路才会越走越宽；只有这样，你的人生才会更加辉煌；只有这样，你的青春才会更加灿烂！"

小小纪念品，创新无止境。

> 面对危机，悲观厌世没用，空喊口号也没用，重
> 要的是反思和改变。在反思中找到不足，在改变
> 中求得生存和发展。

无法改变环境，就改变自己

2008 年，南存辉常说的一句话是："当我们无法改变环境的时候，就要努力改变自己。"

南存辉说这句话的背景，是席卷全球的金融危机。这场源自美国次贷泡沫和华尔街的贪婪的金融危机，从欧美一路呼啸而来。所到之处，沸沸扬扬，哀鸿一片。作为制造业，特别是作为民营制造业企业家典型代表的南存辉，自然受到更多的关注。于是，在政府、行业举行的各种会议、论坛上，在纷至沓来的媒体采访中，"如何看待和应对金融危机"，就成为南存辉不可回避的问题。

这场危机引起的灾难是深重的，教训是深刻的。南存辉认为，面对危机，悲观厌世没用，空喊口号也没用。重要的是反思和改变。在反思中找到不足，在改变中求得生存和发展。比如，温州人脑海中固有的"鸡头"

无法改变环境，就改变自己

情结，敢于挑头，自主创业，有什么不好？当然好。但在新的竞争形势下，这种"鸡头"情结又暴露了它单打独斗、不擅合作的局限性。所以他认为应该延伸一下，既要敢于当"鸡头"，又要乐意做"凤尾"；既要敢拼敢闯，锐意进取，又要善于团结，主动合作。

又比如，过去那种低成本、粗放型的发展模式好不好？当然好。成本又低，增长又快，有何不好！问题是，伴随那种粗放型增长所带来的，除了GDP的增加，还造成了资源的浪费、环境的污染，在给经济社会和谐发展带来影响的同时，也给企业自身的持续发展带来了沉重压力。所以，除了发展理念要变，发展方式也要变。要把过去那种粗放型的，高污染、高能耗的增长方式摒弃，代之以节能、环保、可循环、可持续的增长方式。

再比如，现行的企业家们，开始创业时文化水平普遍不高，靠着苦干、实干、拼命干，获得了成功。但今天，面临的是知识经济，"泥腿子打天下"的时代一去不返。要赶得上时代，跟得上形势，就必须加强学习、培训，提高自身的素质和团队的知识层次，适应知识经济和全球化竞争的需要。

南存辉有句名言："听中央的，看欧美的，干自己的。"听中央的，很好理解，就是要了解政策，看准"天时"。天上下雨，光头出门，显然不符情理；如果天气艳阳高照，你却穿着棉袄招摇过市，同样不合时宜。看欧美的，就是看那些发达国家的企业，他们成功的经验是什么，应该吸取的教训是什么。当然，也要看他们整个的经济形势对全球的影响。最后，关键是干自己的。不是埋头苦干，而是结合实际，顺应形势。

南存辉所说的"环境"，当然主要是指当前面临的全球金融危机。放宽了讲，应该包括企业发展的一切外在因素。这样的"环境"一旦形成，在一定时空内非人力所能改变。身处这种"环境"的时候，愚者消极避世，等待观望，其必是"山重水复疑无路"；智者因势利导，主动改变，终归能"柳暗花明又一村"。

坚信"阳光总在风雨后"，只要我们坚定信心，从容应对，什么困难都可以克服，而太阳能产业及正泰集团，就像"初升的太阳"，一定会朝气蓬勃。

如何扛过危机

"乱云飞渡仍从容"，毛主席的这句诗成为 2008 年岁末南存辉引用最多的名言。他说，2008 年是世界多事之秋，也是中国多事之秋，尤其是突如其来的金融海啸，一时之间让全球经济形势"乱云飞渡"，全世界的企业都遭受了重创，甚至像冰岛，还濒临国家"破产"危局。从媒体连篇累牍的报道中，我们看到国内珠三角、长三角诸多企业停产、倒闭，其中一些还是省内外知名的企业。一句话，"大家的日子都不好过"。

但正泰集团旗下各大产业公司保持了平稳增长的态势，一些产业还实现了新的突破。这除了集团长期坚持制度创新、技术创新、管理创新打下的良好基础外，各产业公司未雨绸缪，及早规划，为企业的安全"过冬"创造了有利的条件。如果要给一年来几大主要产业经营班子打分的话，南存辉给出的是 100 分。

"事物都有自己的两面性。"南存辉说,"危机当中往往蕴藏着机遇,比如产业整合的机遇,人才'抄底'的机遇等。关键在于我们是否做好了准备,在于我们是否善抓机遇。危机面前,哀叹无益,埋怨无益。唯有沉住气、稳住神,才能走出困境。唯有积极行动,才能转危为机。"

谈及 2009 年的形势,南存辉的看法是困难将会持续一段时间,而且"不知道什么时候才能见底",但正如自然界的四季更替一样,经历了"严冬",总会有"变暖"的时候。因此,既不能盲目乐观,也没有悲观失望的理由。在总结 2008 年经验的基础上,做好充分准备,肯定会有好的业绩表现。他所说的充分准备,浙江正泰电器股份有限公司总裁程南征概括为"坚定信心、持续变革、加强学习、优化团队"。

在这之前,南存辉在上海召开的正泰电气股份有限公司总结表彰大会上也强调了上述观点,并着重阐述了持续变革的重要性。他说,企业要谋求发展,不断变革是最好的手段。在金融危机面前,大家要树立信心,不断优化,找准自己的定位,并获得最终的成功。他希望各公司加强自身管理和成本控制,稳步发展,等待春天的到来。

随后在杭州召开的浙江正泰太阳能科技有限公司年会及员工表彰大会上,南存辉激情洋溢,盛赞太阳能产业经营团队在应对国际经济形势中表现出来的沉着姿态和突出业绩,憧憬太阳能和正泰集团的发展前景,坚信"阳光总在风雨后"。"只要我们坚定信心,从容应对,什么困难都可以克服,而太阳能产业及正泰集团,就像'初升的太阳',一定会朝气蓬勃。"

乱云飞渡仍从容,无限风光在险峰。

正泰有今天，靠的是专业化，正泰要有更好的未来，也要靠专业化，我们就是要沿着专业化经营的道路走下去！

将"专业化"进行到底

又到五年规划时，一位新华社记者给南存辉发来短信："你们是不是准备做房地产？"

业界也有很多人比较关切，直接问他："你们正泰这么多年下来，打下了很好的基础，也积累了很多资源，难道你们就打算'死守'电器产业到底吗？"

面对种种询问，南存辉没有正面回答。

他给那位新华社记者的回复是："国家'十二五'期间，我们将乘智能电网建设的东风，进一步做强做大电气产业；顺应世界大势，加快发展光伏新能源产业。同时，充分利用资本杠杆，开展资本经营，加快走出去的步伐。致力于将正泰发展成为全球领先的清洁能源供应商及能效管理系列解决方案提供商。"

同一条信息，他已"批发"给多家媒体，因为很多媒体都问及了同样的话题。

对于业界的关心，他说了一件事情。曾经有位朋友找到他，说有一个项目，每年至少有 20 亿元的进账，问他愿不愿意投资。了解清楚项目情况后，南存辉摇了摇头，不投。

那位朋友瞪大了眼睛说："这么好的收益，你一点都不动心？"

南存辉回答："我不是不动心，只是因为这个项目与正泰的主业关联度太小，会影响我们的品牌形象。我不会因为要赚这笔'短钱'而丢了企业可持续发展的'长钱'！"

南存辉此番话语并非没有来由。他说，企业界因为盲目出击挫伤主业品牌，最终导致失败的案例比比皆是，正泰不能步其后尘，重蹈覆辙。

他举了一个例子，温州有家曾经很有名的电器企业，在事业蒸蒸日上的时候，没有挡住利益的诱惑，做起了一种据说是专治中老年心脑血管病的枕头。枕头是大众消费品，需要大做广告，广为传播。于是，很多人认为，这家企业不想做电器而要转行做枕头了。这样一来，枕头没像他们预料中的那样畅销，电器业务也因为失去信任而逐渐萎缩了，决策者们为此付出了沉重的代价。

在讨论正泰集团"十二五"规划的一次高层会议上，南存辉说，正泰经过 20 多年扎扎实实打基础，现在到了该发力的时候。如果说过去叫"厚积"的话，现在该"薄发"了。但怎么个"薄发"，却大有讲究。

南存辉的说法是："我们的目标定位是成为全球领先的清洁能源供应商和能效管理系列解决方案提供商。在此基础上，积极开展相关投资，促进主业发展。"

"关键是在'促进主业发展'几个字！"南存辉强调，为了用足用好各种资源，为主业服务，考虑在正泰的业务版图上建立一个投资模块，开展资本运作，进行相关投资。但正泰的投资有别于金融公司和投行，不是以赚短钱、快钱为目的，而是为了促进产业链的良好发展。也就是说，它的使命不仅仅是赚钱，而是发现、培育新的机会（如战略性新兴产业），为正泰的产业发展提供强有力的支持。在所有非主业的投资项目中，正泰只以投资商的身份出现，或参股，或持股，不能打正泰品牌，而且必须设计好相应的退出机制。

"正泰有今天，靠的是专业化，正泰要有更好的未来，也要靠专业化，我们就是要沿着专业化经营的道路走下去！"

正泰为什么能做到逆势增长？主要有四个方面的体会，也就是四个"不动摇"。

做大"明规则"

"如果说有什么值得和大家分享的经验，那就是我们始终坚持了四个'不动摇'！"2012年4月19日上午，在全国工商联促进"两个健康"工作调研活动座谈会上，南存辉这样来解读正泰的发展。他说，已经过去的2011年，对众多制造业企业来说，的确压力很大，挑战很多，形势相当严峻。但正泰总体形势很好，实现了逆势上扬。尤其是外贸出口，低压电器、高压输配电和太阳能三大块同比增长分别为40%、80%、200%多。有许多领导问我，正泰为什么能做到逆势增长？我说主要有四个方面的体会，也就是四个"不动摇"。

哪四个"不动摇"呢？南存辉细细讲来。

第一是始终坚持主业发展不动摇。全力推进转型升级，凸显了产业链整体竞争力优势。"近30年来，我们别的东西没本事干，只有坚持主业发展不动摇,一心一意做实业,聚精会神创品牌。特别是近几年来,全面推进转型升级,产品经营由生产制造元器件、成套设备向提供系统解决方案转型,产业扩张由传统电气制造业向光伏新能源、半导体高端装备产业转型,成为全球首家光伏系统解决方案的提供商,凸显了正泰产业链整体竞争优势。"

第二是始终坚持品牌营销不动摇。通过投资工程总包带动与构建全球营销网络,彰显商业模式创新的优势。积极构建全球运营管控体系,收购外国销售团队,聘请上百位老外专家,成立海外销售子公司,改变过去单一依靠国外经销商、代理商的销售方式,构建多渠道国际销售网络。目前,已在美国、德国、西班牙、巴西、捷克、韩国等国设立销售子公司。实施品牌价值导向,主动减少调整 OEM 加工订单比例,由原来的自主品牌与 OEM "二八开"变成现在的"倒二八开",自主的占 80%,OEM 占20%,把握了市场主动权。在砍掉 OEM 的情况下,仍然实现了 40% 的增长率。同时,创新营销盈利模式,由过去单纯卖产品向工程总包、建电站、收电费等增值服务转型。随着正泰在美国、欧盟、印度、泰国等地投资建设数十个光伏电站和水电站及"交钥匙"工程的实施,发挥了产业龙头作用,带动正泰低压电器、成套产品、输配电产品出口,形成产业优势互补,提升品牌形象。如正泰在泰国投资的 1.65MW 薄膜光伏电站,薄膜组件、汇流箱、逆变器、配电电器、电线电缆、支架都是"正泰造",价格比竞争对手低了 10% 以上。正泰还与美国、德国多家国际光伏电站投资巨头和国际金融机构密切开展战略合作,带动了光伏组件和多种高低压系统产品的出口。

第三是始终坚持科技创新不动摇。注重人才引进和研发投入，借助正泰体制、机制和专业化管理经验，有效配置全球资源要素，体现了高新技术和高品质产品的差异化竞争优势。正泰努力营造鼓励创新，宽容失败的文化氛围，加大研发投入力度，根据不同产业分别提取销售额的 3%~10% 作为新产品研发经费。充分发挥民营企业的机制优势，开展"人才抄底"。2008 年以来，正泰引进 200 多名海归、博士和外国专家。

第四是始终坚持以人为本、诚信为基、价值分享理念不动摇。长期以来，受统战部、工商联等组织教育，正泰主动把以人为本、关爱员工放在企业经营的首位，在全国的民营企业中率先推出了全员劳动保险，后来又率先推出了员工"五险一金"等，想员工之所想，急员工之所急，解员工之所难，从而凝聚了人心，增强了合力，提高了企业竞争力。

南存辉的四个"不动摇"，他曾在多个场合强调。

令他自豪的是，在一次由时任浙江省省长夏宝龙主持的外贸出口座谈会上，他的发言得到了夏省长的高度赞扬。夏省长说："存辉的几个不动摇，讲得非常好，民企要勇于探索保增长、调结构的道路，探索好了，就能像正泰一样，当龙头老大！"

在没有希望的地方看到希望，在没有机会的地方
看到机会！

在没有机会的地方看到机会

"在没有希望的地方看到希望，在没有机会的地方看到机会！"

这不是南存辉的原话。但在浦发银行温州支行与温州"三会"（温州企业家协会、温州企业联合会、温州工业经济联合会）举办的一次高峰论坛上，他的一番阐述，除了这句话，可能没有更好的概括。

这场论坛的主题是"银企合力，转型发展"。论坛选在温州信贷危机风声鹤唳、"跑路"之风余音不绝的背景下举行，足见当地政府提振民企信心的用意。

南存辉在发言中说，他来参加会议之前，有企业家朋友对他抱怨，银行总是干些"晴天送雨伞，雨天收雨伞"的事。在企业发展形势好的时候，银行一个劲地鼓励你说："我给你贷款，你加大投资。"可当企业出现了困难，最需要资金的时候，银行又抓紧收贷，步步催逼，一点也不含糊。

"我对他们说，银行本来就是企业，控制风险是它的基本原则，这本身没有什么错。企业的发展关键要靠自己，靠稳扎稳打地经营。银行的贷款本来就是流动的，用来周转一下可以，用银行的流动资金来做长期投资，尤其是前景不明的投资，本来就是不明智的。"南存辉说。

谈到"关键要靠自己"，南存辉说，正泰发展到今天，他有很多体会，最重要的，一是要重视现金流，把企业负债率控制在合理的范围内；二是要有平常心，不贪大求全，不消极抱怨；三是要坚持用加法做强产业，用减法做大企业。

随后，南存辉说起他一贯强调的"危机也是商机，差距也是空间"的观点。

他说，世界经济形势有好有坏，有热有冷，危机到来的时候需要一个蛰伏期、调整期，并不是没有市场了。"比如，就低压电器而言，即使是在危机的影响下，施耐德去年的销售额也是2000多亿元，是我们的几十倍，说明空间巨大啊。我觉得市场的需求就是我们发展的机会，与标杆企业的差距就是我们努力的空间。"

2008年爆发的全球金融危机是好事还是坏事？他说："当然是坏事，但也是好事。由于危机的重创，国外经济不景气，很多高端人才出现了'过剩'，我们抓住这个机遇，开展'人才抄底'，先后引进了200多位海归、博士、外国专家，组建了正泰太阳能研发和高端装备制造专业团队，使得我们在这个领域后来居上，成为全球领先的清洁能源供应商之一。"

他说，2010年以来，欧洲主权债务危机让很多人恐惧，好像世界末日就要到来一样。他看到的是，主权债务危机在带来经济形势动荡的同时，也呈现出大量的兼并扩张机会，因为这个时候最容易找到"价廉物美"的卖家呀。所以，有实力也有想法的企业，现在正是"出手"的大好时机。正泰正在和欧洲的一些企业接触，如果有合适的，也会考虑收购。

南存辉说，当然，坏事变好事的前提是要有前瞻的眼光和充分的准备，要未雨绸缪。比如，美国最近提出对产于中国的太阳能电池组件进行"双反"调查，征收数目惊人的惩罚性关税。正泰的薄膜电池恰好处在他们的"射程"之外。而且，正泰几年前就开始在其他国家进行生产布局，就是晶硅电池组件，也能绕过老美的壁垒。

他透露，正是在这一轮欧债危机中，正泰打算引进全世界最先进的炼硅技术，计划在内蒙古鄂尔多斯落户，如果发展顺利，将来没准会像正泰在低压电器行业创造的奇迹一样，在新能源领域开启一个"美丽的神话"。

"根据地"法则

"李闯王打天下是打一个地方丢一个地方，毛泽东打天下却非常注重建立自己的根据地！"2013 年 3 月 27 日，在上海证券交易所举行的正泰电器 2012 年度业绩说明会上，南存辉兴致勃勃地谈起了正泰的市场营销策略。

有投资机构问："我们注意到，正泰电器已把国际化提到了重要的战略地位，请问有没有一个具体的计划，比如到什么时候出口额达到多少，占全部销售的比例是多少？"

南存辉说，战略只是一个方向，市场瞬息万变，想把计划精确到什么时候、达到多少是不现实的。经济全球化时代，竞争是全方位的竞争，较量是综合实力的较量，靠"打一枪换一个地方"的经营模式已经不灵了。正泰国内营销的一条宝贵经验就是率先在全国各地设立自己的营销网络，形成了300多家核心经销商、2000多家销售网点组成的营销体系。这就有点像毛泽东领导中国革命，先在农村实行武装割据，建立巩固的根据地，然后向城市进军，武装包围城市，夺取城市，最后取得了中国革命在全国的胜利。有鉴于此，正泰在国际化进程中注重稳扎稳打，先后建立1个国际投资公司、4大海外子公司、6大洲区销售部、100多个国家的经销商，逐步形成自己在海外市场的"根据地"。

在市场"根据地"建设中，他特别强调"不同的区域，必须采取不同的市场策略""按照市场需求来驱动企业的研发、生产""必须注重行业细分，实行定制化生产、个性化研发和优质化服务"。

他透露，正是依托这些"根据地"，正泰产品先后进入100多个国家和地区，产销量连续多年位居国内低压电器之首。2012年，在国际经济持续低位运行、主要经济体市场需求疲软、投资和消费乏力、金融波动震荡的严峻形势下，正泰电器稳健前行，销售、利润分别同比增长10.13%、41.07%，每股收益1.26元，成为名副其实的行业佼佼者。

> 其实，装备的背后不仅是技术、资金，更是文化、价值观。有了振兴中国装备制造的梦想，有了这种责任感、使命感，我们痛并快乐着，难并坚持着！

三分钟讲述的故事

2013 年 11 月 26 日，南存辉被邀参加在唐山进行的央视《对话》节目录制。之前接到的通知中有个要求，在节目开场的时候，每位嘉宾各要用 3 分钟讲述自己创业过程中最艰难的一件事。

只有 3 分钟的时间，讲什么好呢？在从北京前往唐山的车上，南存辉陷入了沉思。

"办企业本身就是一件很艰难的事情。生存难，发展难，做大难，做强、做久难。因为难，才体现出企业家精神。"在《对话》录制前，南存辉临时草拟的一份讲稿这样开场。

接下来，他说："在正泰 30 年的发展中，我经历过数不清的艰难。我这里和大家分享一个体会最深的故事。大家都知道，LED 照明技术因节能环保被业内普遍看好，但因成本太高，市场应用起步缓慢。主要原因是

三分钟讲述的故事

生产外延（芯）片的核心装备 MOCVD 长期被美国、德国垄断。国内一些地方政府为发展 LED 产业，每台 MOCVD 设备补贴一千万。我们在做太阳能光伏产品时进口了很多国外设备，这边没装好，那边已出新的设备，忙活半天只是给老外打洋工。这使我感到，要想在新兴产业上不受制于人，有竞争力，必须掌握核心技术，必须拥有核心设备。于是，我就下决心组织专家研制核心设备。这下，麻烦多了。在很多人看来，这是一个深不可测的领域。老股东心里没底，担心好不容易赚来的辛苦钱打了水漂。专家们又来自不同国家，有不同的文化教育背景，人人技术一流，互不服气，想法很难统一。有一次为一件事，会就开了 8 个小时，头都搞晕了。但我们认定了这个方向，决不放弃。一边协调专家，一边说服股东，坚持投资。经过 6 年时间的努力，终于攻克难关。我们的设备技术质量性能指标超过了国外第二代最先进的技术，受到了工信部、科技部和有关领导的肯定和赞许！这使我认识到，做企业尤其是做高端装备，千难万难，难的是各种文化的融合，难的是价值观的统一。其实，装备的背后不仅是技术、资金，更是文化、价值观。有了振兴中国装备制造的梦想，有了这种责任感、使命感，我们痛并快乐着，难并坚持着！"

临到节目录制的时候，程序做了调整，不是在开头每人讲 3 分钟，而是节目进行中，由主持人发问："几位在创业中，都有些什么样的心路历程？"南存辉用他惯常的幽默、通俗的语言讲述了上面这件事。

"在 2002CCTV 年度经济人物颁奖大会上，主持人让我发表获奖感言，我说了一句话：'我憧憬，不久的将来，在世界电器之林中，有一个响亮的品牌来自中国，她的名字叫正泰。'这是我的梦想。有一本书叫《痛并快乐着》，为了这个梦想，我们是'难并坚持着'！"他的现场讲述，赢得了主持人和观众热烈的掌声。

而在这段讲述中，他大概也花了 3 分钟！

自动化是正泰产业链上的重要一环，只要抓住机遇，甘于坚守，把易的事情做好了，把细的事情做好，就能成就难事、大事！

《道德经》中寻智慧

"天下之难事，必作于易；天下之大事，必作于细。"

这是老子《道德经》中的一句话。2014年1月14日，南存辉在正泰中自控制工程有限公司年度总结表彰大会上引述这句话勉励员工。

他说，前几天，中自公司总经理黄永忠发给他一份报表，各项指标都有很好的增长。这天会前，黄总还对他说，中自在集团的排名向前提升了一位，可惜块头还是小了些。他当时就用这句话回答了黄总。

"这句话出自老子《道德经》第63章，意思是，天下的难事，一定是从容易的事发展起来的；天下的大事，一定是从细小的事发展起来的。正泰创业30年，年销售达到300多亿，不就是靠一步一步、一点一滴积累起来的吗？"

如何从"易"到"难"，从"细"到"大"？南存辉在这个会上给中自公司，也给正泰集团开出的"药方"是三句话：

一是认清形势，树立信心。十八届三中全会通过的《决定》，是党在新的历史起点上全面深化改革的行动纲领。中央经济工作会议和中央城镇化工作会议的召开，对我国经济工作和改革进行全面部署，描绘了宏伟的发展蓝图。有人称，1994年曾经密集出台了一系列改革措施，被称为中国历史上一个重要的"改革年"。而2014年将是人们期待的又一个"改革年"，包括行政体制改革、财税改革、金融改革和国企改革等，都将获得稳步推进，必将释放更多的改革发展红利。工业化、信息化、城镇化和农业现代化"四化"同步发展，"五位一体"建设美丽中国等，都蕴藏着巨大发展机遇和市场机会。新型城镇化建设的"框架"已基本形成，未来中国将有数以亿计的农村人口进入城市。有人预计，城镇化大概有40万亿的市场。大家对此应该抱有信心。

二是关注趋势，乘势而上。当下，新兴技术风起云涌，云技术浪潮席卷全球，以社交网络、移动互联网、云计算、大数据等为代表的新兴互联网技术，正在颠覆以往的模式。大家一定要密切关注新技术的动向，现在是智能终端、智能手机，首先是对互联网的冲击，接下来是摄像头、传感器，然后是对智能终端的冲击。随着可穿戴、智能硬件、智能家庭、互联网和其他设备的结合，未来人们所有能看到的东西，大到汽车、冰箱、彩电，小到一个插座、灯泡，包括人身上用的很多的东西，可能都会变成智能设备，而且是时时刻刻连接互联网。这些趋势会让商业模式面临非常大的挑战与转型。面对这样的未来，正泰的智能电器、物联网、自动化等业务，做好准备了吗？

　　三是务实创新，奋勇争先。中央经济工作会议提出了"以提高经济增长质量和效益为中心"的重大要求，进一步突出了"加快转变经济发展方式"这一主线。当前，我国正处于产业发展和转型升级的关键期。浙江省委、省政府也提出了，要通过"腾笼换鸟、机器换人、空间换地、电商换市"加快转型升级，并将"五水共治"作为倒逼经济转型升级的战略举措。身处其中，我们要秉承正泰"务实、创新"的精神，奋勇争先，主动转型升级，赶上历史大变革的步伐。而不要固守过去成功的经验，甚至让过去的经验成为束缚自己前进的包袱。

　　回到主题，南存辉说："自动化是正泰产业链上的重要一环，只要抓住机遇，甘于坚守，把易的事情做好了，把细的事情做好，就能成就难事、大事！"

你真的很累吗？累就对了，舒服是留给神仙的！

'苦'才是人生，'累'才是拼搏，'变'才是命运，

'忍'才是历练，'容'才是智慧，'静'才是修养，

'舍'才是得到，'做'才是拥有！

为梦想，累并快乐着

2000 年 3 月，全国"两会"在北京召开。作为全国人大代表，南存辉会上忙着审议《政府工作报告》，会后忙着参与各种活动。唯一的"体会日"，他还把公司相关负责人召集到北京开会，讨论公司发展大事，忙得不亦乐乎。

此间媒体对他的报道是，他一年大约有 1/3 的时间在国外和中国港、澳、台地区考察商务，1/3 的时间在国内其他地区进行调研和参观学习，1/3 的时间用于处理公司内部事务。

在前往参加人民网"强国论坛"对话的车上，他突然问我："你说一个人活得这么忙、这么累有没有意思？"

我知道他是有感而发，而答案自在他的心中。以我作为一名下属的身份，不好对老板的这一问话做出"是"或"不是"的回答。所以我只是笑

为梦想，累并快乐着

笑，未作回应。

多年以后，他自己回答了这个问题。

那是在正泰电器 2013 年度总结表彰大会上，他说："无论是个人、企业，无论是一个国家还是一个民族，都得有梦想。所以，习总书记提出我们现在要做强国的、民族复兴的梦，这个梦想是引领全国各族人民的。正泰也是一样的，正泰梦和个人梦要融合在一起，所以我们要立志，要有志向。如果不仅仅是为了赚一点工资，拿一点奖金，拿一点股份，而是在这个之外，我们再有一个理想，有一个目标，那在发展的过程中，我们的意志就会非常坚定，碰到任何险阻、任何困难、任何挑战，我们都会有坚韧不拔的意志去克服它。理想、信念、梦想，听起来很空，实际上是无比巨大的精神动力。我昨天晚上从杭州赶过来，到了柳市，事情忙完到了温州市区，差不多凌晨一点钟才睡觉，今天一大早在市区开了一个会，九点半又往公司赶，忙得不得了。我这么忙，这么累，难道就是为了多赚几个钱吗？根本不是这样的。正因为我不是这样想的，所以忙中觉得有很多乐趣，苦中有很多乐趣，辛苦一点没有关系。因为事业成功了，有那么多的人聚在一块，我们现在有三万左右的员工，直接间接地带动了那么多人就业，国家给我们鼓励，给我们支持，领导给我们勉励，不断地激发我们，一定要带好这个头，自觉地承担起社会责任。所以，有梦想很重要，如果有梦想，我们每一个领导、每一个干部、每一个骨干，在自己平凡的岗位上，都有一个远大的理想和抱负，大家为梦想而奋斗，为梦想而付出，肯定会不畏艰难，不惧风险，也肯定会成就一番事业！"

在随后举行的正泰集团 2014 工作会议上，他和大家分享了一段话："你真的很累吗？累就对了，舒服是留给神仙的！'苦'才是人生，'累'才是拼搏，'变'才是命运，'忍'才是历练，'容'才是智慧，'静'才是修养，'舍'才是得到，'做'才是拥有！"

为了梦想，再忙再累都是值得的。我想，这就是南存辉对自己为什么忙和累的最好回答。

我们要始终坚持实业发展创新驱动理念不动摇，坚持以人为本的价值分享文化不动摇。

数据里的大战略

南存辉在许多场合的讲话，喜欢将自己的观点用"一二三四"之类的形式精炼概括，展开叙述。条理比较清楚，容易让人记住，还便于贯彻执行。

在 2014 年 10 月 30 日召开的正泰集团创业 30 周年纪念大会上，南存辉又把正泰未来的发展战略概括为"一二三四五"，即如下。

"一"表示围绕一个目标。围绕"创世界名牌，圆工业强国梦"的目标，努力将正泰打造成为"全球领先的清洁能源与智能电气系统解决方案的供应商"。

"二"表示坚持两个"不动摇"。我们要始终坚持实业发展创新驱动理念不动摇，坚持以人为本的价值分享文化不动摇。

"三"是指实施三大战略。一是全球化战略。强化与发挥正泰欧洲和正泰香港投融资平台的功能，加大境外投资合作力度，加快国际化布局：

在北美、欧洲设立集研发、市场、物流、生产于一体的区域总部基地；在南美、中东、俄罗斯、非洲等新兴地区设立区域工厂；加强国际工程队伍力量，积极推进全球光伏电站、EPC工程总包、输配电工程投资建设；开展与国内外科研机构和高等院校的合作，构建全球研发体系。二是并购整合战略。充分利用上市公司融资优势和国际金融公司（IFC）、国开行、进出口银行等政策性银行及各大商业银行的资本资源，与国内外投资机构与投资人，咨询、财务、法律等服务机构展开合作，抓住全球经济缓慢复苏过程中的有利时机，加快"走出去"的步伐，聚焦与主业相关的产业和高新技术产业，积极开展海内外并购。三是智能制造战略。积极实施机器换人工程，推进信息技术和工业自动化的深度融合，在研发、生产、采购、销售、物流、财务、人力、决策支持等经营管理的全过程实现数字化、智能化，提高效率效能，从而全面提升企业综合竞争能力。

"四"即构建四大平台。一是构建科技创新与产业孵化平台。加大乐清正泰科技产业园、正泰电子信息产业园的建设力度，发挥正泰品牌、技术、市场、资金、管理、人才等方面的优势，支持创业创新，打造高技术产业孵化平台。二是构建线上工业与民用物联网平台。以正泰新华、正泰中自、正泰量测、正泰网络科技公司等为基础，以物联网传感技术、智能终端技术、网络通信技术、云计算技术及大数据分析技术为核心，采集分析市政管网、工矿企业、环境监测、城市能源监测、商业系统及个人消费等领域的控制设备信息、系统检测及用户习惯等数据，形成"以人为本，万物互联"的物联网平台，打造具有正泰特点的智慧城市核心基础架构和整体解决方案。三是构建线上与线下供应链互动平台。建立线下体验终端，与物流配送体系形成协同效应，打造集体验、销售、服务、配送于一体的立体化服务平台。建立大数据分析体系，打通客户需求、销售及库存数据、订单跟踪、物流信息等关键信息环节，达到"全网库存共享，就近区域配送，降低物流成本、优化用户体验"的平台建设目标。四是构建投融资与支付平台。发挥正泰的融资能力与体制机制优势，整合政府与社会资本和金融资源，积极探索混合所有制模式，建立投融资一体化平台。以成立温州民商银行为契机，建设网上支付平台与金融服务体系，为用户和商户提供"安全、便捷、稳定"的支付体验和"高效、细致、可靠"的金融服务，实现从"产业价值链"向"金融价值链"延伸。

"五"是指打造五大产业群。一是以电气全产业链、系统成套设备为基础，围绕智能电网技术，重点发展智能电网发输端电力电子设备与电力储能系统、智能电网用户侧智能产品与系统、智能配电领域微机电应用技术等核心领域，打造智能电气系统解决方案的产业群。二是以发电控制系统、轨交电力控制系统、核电仪控系统与设备能效及状态信息监测系统等过程自动化控制系统的开发和集成服务为重点，打造工业自动化信息化产业群。三是以光伏电站投资建设运营为基础，以智能微网与分布式发电为重点，打造清洁能源、环保节能产业群。四是以 MOCVD、PECVD、LPCVD 等高端装备为基础，以发展先进机器人技术、量测与控制技术、信息技术和高新材料技术为重点，打造智能制造与高端装备产业群。五是以物联网产品制造、云计算平台及大数据技术为基础，优化产品系列，丰富应用场景，建立智慧化新型商业生态环境，打造智能商业与智能家居产业群。

　　这样的表述，为全体员工指明了企业发展的方向，成为公司一切活动的重要"指南"。

> 转型是必由之路，也是痛苦之路。不经历痛苦，便无法转型。不实现转型，便无法升级。不能转型升级，企业就会止步不前，最后只有死路一条。

像鹰一样重生

在经济下行的压力下，企业如何突破重围，焕发生机，求得发展？南存辉强调两个字：转型。

转型是必由之路，也是痛苦之路。不经历痛苦，便无法转型。不实现转型，便无法升级。不能转型升级，企业就会止步不前，最后只有死路一条。

在正泰集团2015年工作会议上，南存辉讲了一个"鹰的重生"的故事，用以阐述他的这番认识。

他说，鹰是世界上寿命最长的一种鸟类，它的年龄可长达七十多岁。但要活到那么长的寿命，在四十岁的时候，鹰必须做出艰难而重要的决定。当鹰活到四十岁时，它的爪子便开始老化，不能有效地抓捕猎物；它的喙变得又长又弯，几乎可以触碰到胸部；它的翅膀也变得十分沉重，因为此时的羽毛又浓又厚，使它的飞翔变得非常吃力。这时，它只有两种选择：

要么等死，要么经受一个痛苦万分的更新过程，那就是需要 150 天的漫长蜕变——首先，它必须竭尽全力飞到山顶上，在悬崖上筑巢，停留在那里，不能飞翔。用喙击打岩石，直至完全脱落，然后静静地等候新喙长出。它要用新喙，将指甲一个一个地拔掉。等到新的指甲长出后，再把羽毛一根一根地拔掉。漫长的五个月后，新的羽毛长出来了，老鹰又开始飞翔，重新获得三十年的生命……

南存辉坦言，世界经济缓慢复苏，中国经济在经历了三十年高速发展后，处在了一个增速放缓、增长方式转变的"新常态"下。今年第一季度，中国经济下行压力巨大，正泰也面临诸多困难，同比增长的数字没有以往那么好看。但不能据此认为，中国经济没有发展空间了，正泰也没有进一步成长的可能了。他相信中央的判断，中国仍处于重要的战略机遇期。近期陆续推出的"一带一路"建设、"亚投行"等，都给中国未来的发展注入了新的活力，装上了新的引擎。尤其是"一带一路"建设，给了正泰这样有实力、有品牌的民营企业创造了无限商机，就看我们如何去抓住它、利用它。而正泰最近发起成立的温州民商银行、"浙民投"等，都是我们主动适应新常态、实现新跨越的重要举措，我们要对此抱有信心。

眼前是关山重重，未来是机遇多多。看上去好像"山重水复疑无路"，但走过去一定会"柳暗花明又一村"。

"鹰的启示在于，只有摒弃旧思想、旧习惯，才能获得重生，再次起飞！"南存辉说。

他希望大家学习这种"鹰的精神"，给正泰的事业赋予"新的生命"！

第二章　育人观

——别人为什么听你的

什么样的干部是企业最需要的？如何做一个有智慧、有情商的企业管理者？企业应从历史事件中吸取什么样的经验教训？

> 管理者即使自己很强，也要学会"示弱"。只有把自己的才能隐藏起来了，手下更多的人才才有锻炼和发挥的机会。如果底下的人成长起来了，公司还能不强大？

"暗"老板成就"明"部下

南存辉在正泰电气股份有限公司 2007 年度总结表彰大会上的讲话，经过员工们的口口相传，在公司里几乎尽人皆知。在会上，他有感而发，对如何当好企业老板作了一番深刻的阐述。

他的感慨来自一篇题为《帅明则将暗　帅暗则将明》的文章。

大意是说，一不如韩信，二不如萧何，三不如张良，刘邦却能当上皇帝，成就一代霸业。相反，项羽能征善战，无人能敌，力拔山兮气盖世，手下的龙且、英布、钟离昧、章邯、范增等却黯然失色，楚霸王最终落得个兵败自刎的下场。表面看来是因为刘邦善于用人，而项羽刚愎自用，其深层次的原因却是：帅明则将暗，帅暗则将明。刘邦自知能力不强，就会任用比自己能力强的人，帮助自己成就帝业。而项羽自认为天下无敌，目空一切，妒贤嫉能，当然只会用比自己差的人了，结果自己筋疲力尽，无人能救，最后"无颜见江东父老"，唯有拔剑自刎以谢天下。

现在的企业同样有这种情况。如果老板太强了，手下的人往往都很弱。一方面，本身不是很强的人，往往有事都由老板顶着，在老板手下得不到锻炼，不能迅速成长，独当一面；另一方面，真正有才能的人，在老板手上得不到重用，没有发挥的机会，只好另投明主，寻求发展。

因此，做老板的人需要明白两条道理：一是众人拾柴火焰高。一个人的智慧总是有限的，集体智慧常常胜过个人智慧，要想做成大事，必须善于借助外力，任用比自己强的人才；二是真正的人才需要发挥，而不是埋没。每个人都有成功的欲望，他们需要成就感，好的人才之所以加入公司，是需要公司这个发展平台来成就自己。如果公司不能成就他的功名，公司对他有什么意义？他为什么要为公司奉献？成就感对于真正的人才来说，总是处于第一位的。他们甚至不怎么在乎工资，因为他们知道，有了成就，利益是自然的。

他以此告诫公司里或大或小的"老板"（管理者）们，即使自己很强，也要学会"示弱"。只有把自己的才能隐藏起来了，手下更多的人才才有锻炼和发挥的机会。如果底下的人成长起来了，公司还能不强大？

南存辉的意思，当然不是无视老板的作用，更不是希望老板们碌碌无为，而是要充分依靠集体的智慧，给人才提供相应的平台，让他们有归属感，并激发出创业的热情。

管理学家凯利经过研究得出这样的结论：一项事业的成功，领导者的贡献只有10%至20%，其他80%至90%由追随者来完成。

这也是人们通常所说的"二八原理"。按照这一原理，一个真正能干的老板，应该是在充分发挥自己 20% 作用的同时，千方百计调动团队的积极性，发挥好他们 80% 的作用。

正所谓，做个“暗老板”，成就“明部下”。

我动员一批老的创业股东退出经营层面，安心当个收租的"地主"，而让那些有知识、有经验的"现代农民"乃至"洋农民"来帮我们"种地"，也就是引入职业经理人制度！

"地主"与"农民"

这是很多人熟知的"南氏理论"之一。

在谈到正泰管理结构变革的时候，南存辉通常会说起一段"地主与农民"的理论。2010年1月5日，"正泰电器"在上海的上市路演中，有机构代表问起了类似的话题，南存辉信手拈来，把这段理论演绎得妙趣横生。

"我们这些原始创业者，原本都是农民，真正土生土长的农民，农民当然是要种地的。后来投资办厂当股东，也就成了'地主'。成了'地主'却还保持着'农民'的习惯，就是亲自'种地'（企业经营管理）。这在创业初期、小规模的时候是可以的，企业发展到一定程度之后，再让我们亲自去'种地'，精力和能力都跟不上了。怎么办呢？我就动员一批老的创业股东退出经营层面，安心当个收租的'地主'，而让那些有知识、有经验的'现代农民'乃至'洋农民'来帮我们'种地'，也就是引入职业经理人制度！"

　　说着，他指指坐在旁边的浙江正泰电器股份有限公司总裁程南征，"老程是在美国从事研究和企业战略工作几十年的专家，被我们请到公司来了。"又指指坐在旁边的副总裁刘时祯，"这也是一位长着中国脸的'老美'，他在美国一个著名公司担任技术总监很多年，现在被我们请来专门从事新能源中一个关键产品逆变器的研发和生产，他是这个公司的老总！"

　　"地主"与"农民"，只是更为形象的说明。其最早的表述，讲的是"所有权与经营权分立"。这是家族企业变革中不能绕开的一个环节。

　　经济学家钟朋荣曾经作过一番形象的阐述：就算家族成员的能力都很强，正泰只有几人、几十人甚至几百人的时候，可以依靠亲戚们来管理。但在有了几千、上万名员工的时候，尤其是现在已在全国乃至国外设立了上千家销售公司的情况下，如果还是用亲戚，哪里有那么多亲戚？这就说明了引进职业经理人的客观必要性。

　　南存辉对此有着清醒的认识。于是，大胆改革用人制度，力避"任人唯亲"，敞开大门，广纳贤才。对于他们中的优秀人才、骨干人才，除根据公司激励措施进行重奖之外，还有计划地配送股权，使其成为股东。多年来，正泰已经形成了具有自身特色的人才培养、引进与任用机制，聚集了一大批高素质的管理人才、技术人才、营销人才和职工技术能手。

　　正是这些现代"农民"的到来，改变了家族企业的管理模式，逐步建立了现代企业制度，保证了企业的可持续发展。

明智的领导者，要做"造钟"者，而不做"报时"者。对于企业来说，"造钟"就是要建制度、定标准，给管理者提供执行的依据。

"造钟"与"报时"

"我们每一个人都要努力做一个造钟的人，而不是报时的人。"

2012年1月31日上午，在浙江正泰太阳能公司春节过后的第一次干部会议上，南存辉用"造钟"的概念来表达了他的期望。

这天的会议主题是基础管理。在由相关领导通报了公司发生的几起质量、安全事故后，南存辉讲话。他说，已经发生的几起事故，有这样那样的原因，但最根本的原因是管理缺失。因此，必须加强企业基础管理工作，要"创造性地开展制度建设"。

他讲起曾经的一件事情。好些年前，他从国外出差回来，在机场书店看到《基业长青》一书，一次性买了500多本，组织正泰集团经理以上人员学习、讨论，并且要求每个人都写出学习心得。他觉得这本书中一个最核心的理念就是"造钟而不报时"。

他认为，作为一个领导者，"报时"的工作虽然也有价值，但与"造钟"相比，显然要低得多。所以，明智的领导者，要做"造钟"者，而不做"报时"者。

他解释说，对于企业来说，"造钟"就是要建制度、定标准，给管理者提供执行的依据。

他让与会人员现场做起了"游戏"：每人一张白纸一支笔，要求大家先画一个三角形，再画一个圆形，然后画一个正方形，最后画一个长方形。结果一看，每个人画的都不一样，有的是几个图形叠成一个整体，有的各不相连，可以说是五花八门。

"为什么大家画出来都不一样？就是因为没有标准。没有标准，大家就可以随心所欲，想怎么画就怎么画，当然也无所谓对错。企业管理也是这样，如果没有标准，大家就可以乱来，而乱来的结果，企业就乱套了！"他有感而发。

南存辉把企业管理和质量管理看作企业基础中的基础，"基础不牢，地动山摇。正泰低压电器上市，打基础就花了13年！"

怎么做好企业的基础管理工作？南存辉戏言："问题出在前三排，根子就在主席台。"因此，还得从公司高层领导的重视抓起。

他要求公司成立一个基础管理推进工作班子，由他亲自担任这个班子的负责人，公司主要领导成员都要放进来，各部门负责人都要放进来。不要把这项工作仅仅看作管理部门的事，而是全公司的事，人人都要以"第一人称"参与其中！

南存辉的"造钟论"，让与会者耳目一新。

> 什么叫执行力？想尽一切办法去完成任务，这是真
> 正的执行力。

向美国大兵学习

有一段时间，南存辉在公司的大会小会上反复讲述着一个美国大兵的故事。

故事说的是，有位退伍军人，在战场上负了伤，当他回到地方的时候，年龄也比较大，找工作很不容易，很多单位都拒绝了他。

这一次，他到美国最大的一家木材公司求职，却被招聘人员挡在了门外，而且明确表态不会聘用他。

他急中生智，千方百计找到了这个公司的一位副总裁，非常坚定地对这位副总裁说："我作为一名退伍军人，郑重地向您承诺，我会完成您交给我的任何任务，请您给我一次机会。"

副总裁一看他这副模样，像开玩笑似的，真的就给了他一份任务——让他去打理公司在美国中部的一个烂摊子。在此之前，公司派了很多优秀

的经理人，他们都没有把这个工作做好，因为在这里与客户的关系相当紧张，公司的欠款长期不能收回，公司在那里的形象受到了损坏。副总裁想，比你优秀的经理人去都不能完成这个任务，我不如卖个人情，让你自己证明你不是那块料。

第二天，那位退伍军人就奔赴那个市场，几个月之后，他捋顺了客户的关系，清欠了几乎所有的欠款，挽回了公司在那里的形象。

一个周末的下午，总裁把这个退伍军人叫到自己的办公室。跟他说："我这个周末要出去办一点事情，我的妹妹在犹他州结婚，我要去参加她的婚礼。麻烦你帮我买一件礼物。这个礼物是在一个礼品店里，非常漂亮的橱窗里面有一只蓝色的花瓶。"他描述了之后，就把那个写有地址的卡片交给了退伍军人。那个退伍军人接到任务后，郑重地承诺："保证完成任务！"

退伍军人看到卡片的后边，有老板所乘坐的火车车厢和座位，因为老板跟他说，把这个花瓶买到之后，送到他所在的车厢就可以了。

于是，退伍军人立即行动，他走了很长时间才找到那个地址，但他发现，这个地方根本没有老板描述的那家商店，也没有那个漂亮的橱窗，更没有那只蓝色的花瓶。

这位退伍军人拿着地图，"扫街"似地一路看过去，在距离这个地址五条街的地方，终于看到了老板所描述的那家店，也看到了那个漂亮的橱窗和那只蓝色的花瓶。他非常欣喜，但跑过去一看，门上着锁，商店提前关门了。

这位军人没有气馁，找出当地黄页，找到这家店经理的电话。但电话打过去，对方说："我在度假，不营业。"然后把电话撂下了。

退伍军人想，自己既然向老板做了承诺，即使要付出惨重的代价，我也要拿到那只蓝色的花瓶。他想砸破橱窗拿到那只蓝色的花瓶，于是转身去寻找工具。等他好不容易找到工具的时候，却有一位全副武装的警察站在橱窗面前一动不动。

万般无奈之际，这位退伍军人再一次拨通该店经理的电话。这一次，那个经理不再挂他的电话，而是一直听他讲。他说，因为在战场上承诺战友，一定要挽救战友的生命，一定要把战友背出战场，为此他身负重伤，留下残疾。作为一为超龄而又残疾的退伍军人，找一份工作多么不易，希望他能帮帮他。

那个经理被他感动了，马上派来一个人，给他打开商店的门，把这个蓝色的花瓶卖给了他。

退伍军人拿到了蓝色的花瓶，非常开心。但一看时间，老板的火车已经开了，怎么办？

他马上给他过去的战友打电话，请求帮他租用一架私人飞机，然后他乘驾飞机追赶老板乘坐的火车的下一站，当他气喘吁吁跑进站台的时候，老板的火车正好缓缓地驶进站台。

他按照老板告诉他的车厢号，走到老板的车厢，看到老板正安静地坐在那里，他把蓝色的花瓶小心翼翼地放到桌子上。然后跟老板说："总裁，这就是你要的花瓶，给您妹妹带好，祝您旅途愉快。"然后转身下了车。

新的一周开始，老板把这个退伍军人叫到自己的办公室。跟他说："谢谢你帮我买的礼物，我妹妹非常喜欢。其实，公司这几年一直在选一位经理人，派到远东地区担任总裁，这是公司最重要的一个部门，但之前始终不能够如愿以偿。顾问公司给我们出了一个用蓝色花瓶测试选择经理人的办法。在以往的测试中，多数人都没有完成任务，因为我们给的地址是假的，我们让店经理提前关门，并让他只接两次电话，结果只有一个人完成了任务，但他是把橱窗的玻璃砸碎才拿到了那只蓝色花瓶，这跟公司的道德规范不符，所以他没有被录用。在后来的测试中，我们特意雇了一位全副武装的警察守在那里，更加大了完成任务的难度。但所有这些，都没有阻碍你的决心。你出色地完成了任务，现在我代表董事会正式任命你为本公司远东地区的总裁。"

　　……

　　"什么叫执行力？这就是执行力，想尽一切办法去完成任务，这是真正的执行力。"南存辉说，"我们最需要，也最缺乏这样的执行力！"

既要敢于创新，又不为创新而创新，一切视市场
需要而定，还要讲究投入产出比，这是企业创新
活动的真正价值和意义所在。

创新的哲学

这是一个关于创新的话题。

在正泰集团 2012 年上半年工作会议上，南存辉讲了两个故事。

一个故事说，有个老和尚想到寺院后山开荒种菜，其他和尚都反对，认为荒地种不出菜来。老和尚不顾大家劝阻，有空就到荒地去开垦，一两年下来，很多荒地都被他开垦出来了。到第三年，长满了绿油油的青菜。

大家都觉得惊讶，问老和尚当初怎么会有信心在荒地种出菜来。老和尚却说，颠覆经验要从积累经验开始。

南存辉是在阐述正泰双品牌战略时说到这个故事的。他说，"诺雅克"是在"正泰"的基础上推出的新品牌。"正泰""诺雅克"标准不同，性能不同，可以满足不同消费群体的个性化需要。但很多人心存疑惑，担心早已习惯了"正泰"的人们会不会接受一个新品牌"诺雅克"，因而质疑公司的双品牌战略能否成功。

他讲这个故事，借以说明，只要敢于尝试，敢于创新，同时又不抛弃多年积累下来的资源，许多看似不可能的事情都是能够做到的。

另一个故事说，有一天，一位博士喜气洋洋地跑回家告诉太太，今天受到公司表扬，拿到了一大笔奖金。

太太问，何事得奖？

博士答："公司流水线上生产的肥皂出厂，因有空盒而经常接到投诉。为此，公司拨款200万元，由我牵头组成课题攻关小组，花了一个月的时间，采用了许多现代化技术，终于解决了问题。"

太太说："嗨，我以为是什么大不了的事情，这点小事何须劳民伤财，费那么大的周折？盒子里有没有肥皂，用电风扇一吹不就知道了吗？被吹掉的盒子里肯定没有东西嘛。"

博士哑然。

南存辉用这个故事说明，技术创新要讲究成本，讲究投入产出比，不是说花了大钱就叫创新，花钱少了就不叫创新了。

"一位航天专家讲了这样一件事，有一个航天工程项目研究如何在太空中顺利用笔写字？花了很多时间研究，在太空失重的环境下笔不出水怎么办？研究来研究去没个头绪，结果有个人说，用铅笔不就行了吗？你看，很多问题就这么简单，却被人们人为地搞复杂了。"

两个故事，看似没有联系，实则说明了创新问题中的两个侧面。前者强调要敢于创新，后者强调不要过度创新。

既要敢于创新，又不为创新而创新，一切视市场需要而定，还要讲究投入产出比，这是企业创新活动的真正价值和意义所在。

> 客户说你不好，你就说都是我不好，都是我不对。
> 即使明明是对方的错，也要遵循"客户永远是对的"
> 原则。这是不用争论的，也没有什么道理可讲。

让客户永远正确

　　这是南存辉亲口讲述的一个故事：有一次，正泰生产的一台变压器在客户使用时烧了。客户说有质量问题，生产公司的人却认为不是质量问题，我们做了几十年变压器，怎么会烧呢？经了解，原来是客户自己把线接反了。说明书上写得清清楚楚的，可能一些客户不识字或者不小心，接反了。南存辉问生产公司的人员："有没有办法让不识字的人不把线接反？"工作人员回答："可以在变压器上做好标记，这样就不会接错了。"南存辉当即责令生产公司，收回之前客户所反映的变压器并把它改好。

　　"这个小事件告诉我们，必须从思想观念、质量意识上用脑用心。质量出问题是不用和客户辩解的。客户说你不好，你就说都是我不好，都是我不对。即使明明是对方的错，也要遵循'客户永远是对的'原则。这是不用争论的，也没有什么道理可讲。"南存辉强调，"所以，我们要想方设法让客户永远正确。"

在浙江正泰太阳能科技有限公司召开的 2009 年年终会议上，南存辉又讲了一个故事：有一次正泰电器有个分公司的产品售出去后，在使用过程中出了故障，顾客找上门来要求赔偿。分公司经理据理争辩，认为产品质量本身没有问题，是客户在安装过程中操作方法出错了。事情闹到南存辉那里，他批评这位经理，质量没问题不等于没有责任，因为你没有教会客户使用方法。而且按理说，公司在设计产品时就应该考虑让其"格式化"，不符合这个"格式"就无法安装，这样就不存在客户操作出错的问题了。这就是南存辉一再强调的"想办法让客户永远正确"的思想。这位经理听后觉得有道理，虽然心里有些不痛快，但还是接受了他的批评，采取了相应的补救措施。

南存辉在这个会上的讲话主旨是"强化四个意识"，首要的就是强化市场意识。他说这是他创业 20 多年的宝贵经验，也是母公司正泰集团股份有限公司成功的"法宝"。只要是办企业，就必须有市场意识，要心中有市场，眼里有市场，日常工作最需要关心的还是市场。关于市场意识，他强调两个观点，一是不要急于追求利润，而是要先把基础打稳。"盘子做大了，稍微一调整，利润就上来了。"二是"客户永远是对的"，一定要围绕客户需求，提供产品和服务。客户是企业的"衣食父母"，一切要以客户为中心，而不是以自己为中心。他用这个故事来说明"客户永远是对的"，恰如其分，而且生动形象。

他强调的其他三个意识是强化成本意识、风险意识和人才意识。刚刚过去的 2009 年，正泰太阳能公司克服了金融危机带来的市场动荡，取得

了销售同比增长 12.3% 的业绩。南存辉在讲话中不时给予称赞，欣喜之
情溢于言表。

要做爷爷，你得先做孙子。你不愿做孙子，也得装孙子。只有学到真本事，才能实现更好的发展！

要做爷爷，先做孙子

这是一个关于对外合作的话题。

在中国（温州）民营企业国际竞争力峰会上，南存辉举了这么一个例子：

正泰与某跨国公司合作，这个公司的很多采购订单直接给了正泰，但他们的标准很多、很严，要求近乎苛刻，完全做到非常不易，一些生产公司为此滋生不满情绪。有经理向他抱怨，认为该公司分明是在为难我们，这些订单赚不到多少钱，却花了大家不少工夫，现在国内市场形势那么好，应付都应付不过来，还不如放弃一些国外订单。

他严厉地批评这位经理："我们叫了多少年的国际化，现在国际化就在家门口，回避是回避不了的。我们和跨国公司合作，就是要学习别人的先进技术和管理标准。人家要求严格一点就受不了了，还怎么进步？还怎么和国际接轨？你可以拒绝某公司，但你能拒绝国际化吗？所以，必须虚心，必须接受别人的条件。要做爷爷，你得先做孙子。你不愿做孙子，也得装孙子。只有学到真本事，才能实现更好的发展！"

他讲这个例子的意思是要说明，做企业要着眼于世界，着眼于未来，只要这种合作从长期来说是有益的，就不要被眼前的困难所吓倒，不因暂时的"吃亏"而放弃。

这是南存辉第一次抛出他的"爷孙论"。

此后，他曾在多个场合谈及这个例子，用以告诫经营管理者：与人合作，要敢于放下身段，以人为师，虚心学习，这样才能使自己得到提高，也才能使合作持久地开展下去。

最有趣的一次，是在浙江正泰电器股份有限公司召开的一次供方大会上。一般人认为，作为供方的许多公司（零部件、原材料供应商），原本都是些规模较小、不成气候的家庭作坊，是正泰这棵"大树"让他们获得了生存，得到了发展，应该是他们感谢正泰才对。南存辉却说，是广大供方多年来的大力支持和精诚合作成就了正泰，供方是正泰的"衣食父母"，是"爷爷"，正泰人要以"孙子"的心态，对企业的"衣食父母"表示感谢，对"爷爷"表示感恩。说话间，他站在主席台上，向在座的供方代表深深地鞠了一躬。

针对生产公司有关业务人员可能出现的"卡拿OK"现象，他希望供方严格监督，大胆投诉，尤其是不能投其所好，做"背后交易"，否则，既惯坏了"孙子"，也毁坏了自己名声，被查出来还会断了双方的合作关系。

因为急着赶往外地出差，他不能陪大家共进晚宴。他在离开会场时还

要做爷爷，先做孙子

特别叮嘱在场的正泰领导，替他好好敬"爷爷"一杯！

做事先做人，做人要谦逊。南存辉关于"要做爷爷，先做孙子"的说法在业界广为传播，并成为他的"名言"之一。

> 为加强公司知识产权工作，规范知识产权管理，将在集团层面设立知识产权部，下属各子公司设立相应的知识产权机构。这样，就可以与研发部门形成两双、四只眼睛。

知识产权"盯"字诀

曾听南存辉说过企业家要有"四只眼"的观点。

当时所谓"四只眼"，说的是一只眼睛看市场，一只眼睛看政策，一只眼睛看自己，一只眼睛看对手。

知己知彼，百战不殆；知内知外，出奇制胜。南存辉所言，点明了企业家日常工作的要旨所在。

近来再听南存辉说起"四只眼"，已不同于往日的含义。

他是 2010 年 3 月 18 日在国家知识产权局举办的一次"文化大讲堂"上说起这个概念的。2009 年 4 月 15 日，正泰集团与某跨国公司一起长达三年的专利诉讼，在浙江省高级人民法院的主持下达成全球和解协议。对方在尊重正泰涉案产品知识产权的前提下，补偿正泰 1.575 亿元人民币，成为中国民营企业与跨国公司知识产权纠纷处理的经典案例，引起了世人的广泛关注。

他在那个主题为"知识产权是企业发展之本"的讲座中现身说法，阐述了知识产权在企业发展中的作用。他认为，知识产权应当成为企业的重中之重，必须引起每一位管理层成员的重视，而不是仅仅交给法律部门或技术部门来管理，而且要上升到企业战略的高度加以重视，使企业知识产权工作日常化、程序化、规范化。

"我们要形成一种'四眼机制'！"南存辉透露，为加强公司知识产权工作，规范知识产权管理，将在集团层面设立知识产权部，下属各子公司设立相应的知识产权机构。这样，就可以与研发部门形成两双、四只眼睛，集团知识产权部直接对董事会负责，制定集团知识产权战略，并引领集团范围内阶段性知识产权规划的制定和实施。各子公司知识产权机构，在集团知识产权部的指导下，直接对所属公司知识产权进行把关。

南存辉有些感慨地说，过去一个新产品开发出来，评价它的好坏，往往是技术专家说了算，研发部门说了算。现在要改变这种观念，技术专家说了不一定算，还要听取知识产权专家的意见，看看知识产权部门的判定。

"利用这种'四眼机制'，盯牢知识产权工作。我们必须坚持不懈地进行自主创新，创造更多更有价值的知识产权。我们尊重别人的知识产权，同时，在我们的知识产权遇到侵犯时，要克服弱势心理，主动维权，既要敢于接招，也要敢于出招！"

假如你传递给下属的是一种不满，是一种怒气，是一种不良情绪，那么，他所接收到的、传递下去的东西也是不好的。

皇帝与老鼠

皇帝和老鼠本来是扯不到一块的，但在南存辉讲述的一个故事中，皇帝和老鼠之间，发生了一连串的"连锁反应"。

那是在 2011 年 7 月 11 日召开的正泰太阳能公司的组织机构调整宣贯会议上，他讲了正泰太阳能公司的发展战略和制度、文化建设。讲到文化建设，他强调内部关系要和谐，内外关系要和谐。

"做人要圆，做事要方，要外圆内方！"他说。

然后，他讲了一个故事。大意是说，有一个皇帝，因在后宫被娘娘骂了，心情很不好，上朝的时候就把宰相骂了一顿。宰相满腹委屈，但不敢当面向皇帝发作。他回到家里，管家给他开了门，宰相就劈头盖脸地冲总管发了一通脾气。管家平白被骂，也觉得莫名其妙，又把一肚子气撒到家童身上。家童的怒气没地方发泄，就抓起扫帚把猫打了。猫白白挨打一顿，也很难过。正好这时，一只老鼠经过，猫发现后，狠扑上来，一口把老鼠给吃了……

"这个故事告诉我们一个道理，假如你传递给下属的是一种不满，是一种怒气，是一种不良情绪，那么，他所接收到的、传递下去的东西也是不好的。"

他由此引申："我们每个人都要保持一种良好的心态，对别人采取和蔼的态度。因为你的部下就是你的兄弟姐妹，就是你的亲戚朋友。大家来自天南地北，五湖四海，到了正泰就是一个大家庭，就是一家人嘛，所以就要善待。怎么善待？首先是要告诫自己，千万不要生气，而是要和气，家和万事兴，企业和也才能万事兴。希望在我们的公司里，领导干部要团结一致，中层干部要和谐一心，基层员工要和睦相处。只有在和谐的气氛中，才能把事业做好，才能让大家快乐工作，享受生活。但'和'不是稀里糊涂，不讲原则。没有规矩就不成方圆。所以，很多制度需要完善，很多规章需要明确。一句话，公司一定要树立起和谐、团结的文化，有章法规范，有制度保证的文化！"

他还特别强调了人与人沟通中的语言艺术，比如给人发短信、发e-mail，称呼"您好"和"你好"是不一样的。"您好"的"您"多了一份心，一份低调的心、关怀的心、平和的心、谦虚的心，让人听了有种被尊重的感觉，对待这事的态度自然就会好些。"你好"的"你"则显得有点硬邦邦的。如果你不是说"我向您汇报一下"，而是说"我告诉你""你就这么干了"，别人听了会是什么感觉？大不一样嘛。

"我们一定要把自己放得很低、很平和、很淡定。淡定是什么？淡定是一种自信，是一种素养，是一种实力。相反，自我感觉高高在上的人，其实是一种懦弱的表现……"他进一步发挥。

这次会议开在全球太阳能产业经历又一次波动之后。公司为适应新的竞争形势，对原有组织架构进行了重新梳理，对原有干部职能作了相应调整。队伍的稳定，人心的凝聚，流程的顺畅，效率的提升，都是南存辉至为关心的。

在这样的背景下，这个"皇帝与老鼠"的故事，自有深意在其中……

与其事后补救，不如事前防范，把各种隐患消灭在萌芽之中。如道家创始人老子所说："为之于未有，治之于未乱。"

治"未病"

这是一个关于企业管理的话题。

在公司的一次内部会议上，南存辉说，春秋战国时期，扁鹊三兄弟都从医，但扁鹊名气最大，被称为"神医"。两位兄长却不大为人所知。

有一次，魏文王召见扁鹊，问他："你们家兄弟三人，都精于医术，到底哪一位最好呢？"

扁鹊答："长兄最好，中兄次之，我最差。"

文王再问："那为什么你最出名呢？"

扁鹊说："我长兄治病，是治病于病情发作之前。由于一般人不知道他事先能铲除病因，所以他的名气无法传出去，只有我们家的人才知道。我中兄治病，是治病于病情初起之时。一般人以为他只能治轻微的小病，所以他的名气只及于本乡里。而我治病，是在病情严重之时。一般人都看到我在经脉上穿针管来放血、在皮肤上敷药等大手术，所以以为我的医术高明，名气因此响遍全国。"

文王称赞："你说得好极了。"

南存辉由此引申，世界上好像从来只有"救火"英雄，而没有"防火"英雄。只听说"治病"名医，没听说"防病"名医。因为救火者危难时刻显身手，大张旗鼓，轰轰烈烈；防火者却只是做些看似平常的预防工作，不需要大无畏的英雄气概，也好像没有什么"技术含量"。"治病"者让人"起死回生"，因此声名远播，而"防病"者却是悄无声息地让人祛病延年，自然引不起人们的关注。在企业管理中，很多人认为，能够摆平或解决企业经营过程中的各种棘手问题的人，就是优秀的管理者，其实这种观点并不完全正确。俗话说："预防重于治疗。"与其事后补救，不如事前防范，把各种隐患消灭在萌芽状态。如道家创始人老子所说："为之于未有，治之于未乱。"

那么，如何才能有效"防病"？南存辉为此开出的"处方"是：重细节，抓内控。

他说，在企业管理工作中，细节管理尤为重要。"不积跬步，无以至千里；不积小流，无以成江海。"细节严，才能基础牢，才能有效提升企业发展的"内力"。基础管理涉及生产运营的每个环节，需要各级人员树立"一点一滴降成本，一分一毫增效益"的理念，做好工作中的每一个细节。精益生产、精细化管理和合理化建议工作是加强基础管理的最好平台，要充分利用好这个平台，切实解决基础管理不够"严"、不够"细"、不够"精"、不够"实"等问题。从基层抓起，从每一名员工做起，把关注细节、精益求精、追求卓越，培养成一种习惯、一种文化。

他强调，企业管理是个"全员工程"，需要每个人都以"第一人称"参与其中，认真对待工作，将小事做细。积极参与管理改善，以创造价值为目标"做正确的事"。按照精心、精细、精品的要求做好各项工作，致力于在生产运营的每一个环节上不断挖潜降耗，提高经营效益。

"企业内部发生的一些事故，最根本的原因就是不注重细节，没有建立起有效的内控防火墙。一些看似极微小的事情，却有可能给公司造成重大损失。"

南存辉说，在内控管理上，事后追究不如事中控制，事中控制不如事前防范。所以，必须切实加大内部监督的检查力度，真正做到"防患于未然"。

要学会转变观念，转换思维，站在别人的角度去想问题。

农民坐飞机

有个乡下农民第一次坐飞机。他买的是一张普通舱位的票，可一上飞机，一屁股坐到了头等舱的位置上。手持头等舱票的客人上来后，请他让座，他却坚决不肯。

"这是我的位置，你怎么坐在这儿呢？"头等舱乘客说。

"这怎么是你的位置啊，我比你先到，所以我就坐这里！"农民自有一番道理。

这时，过来一位乘务员，对农民说，他的票是普通舱，座位在后面，这里是头等舱，是别人的位置。农民依旧无动于衷。

正在争执不休的时候，乘务长走了过来。问明情况后，他把农民拉到一边，凑近他的耳朵低声说了句什么，农民竟然心平气和地让出了头等舱的位置，到后面坐去了。

农民坐飞机

乘务员和那位乘客一头雾水，问乘务长对农民说了什么："你是不是吓唬他了？"

乘务长"嘿嘿"一笑："我就是问他到哪里，他说是到新疆。我告诉他，到新疆的位置在后面，这个位置是到上海的，到不了新疆，他就起身走了！"

在正泰第四届国际营销大会上，南存辉讲了这个"农民坐飞机"的故事。他说，这是一个真实的故事。他讲这个故事，目的不是歧视农民，不是要大家去忽悠别人的智力，而是要学会转变观念，转换思维，站在别人的角度去想问题。故事中的农民没有坐过飞机，可能也没怎么坐过火车，不懂得对号入座的道理，以为就像在农村赶集一样，一辆车停在面前，大家一窝蜂拥上去，谁先到谁坐，位置坐满了，后面的人就只能站着。他已习惯于这样一种思维，你要按正常情况和他讲道理，一时半会真的讲不清。乘务长的高明之处就在于他站在了这个农民的角度去思考、去说话，结果成功了。

南存辉当然是有感而发。他说，正泰电器于两年前调整了营销组织架构，取消了原来负责国内营销工作的销售中心，设立中国区；取消了原来负责国外营销工作的国际贸易部，按区域设立了欧洲、美洲、亚太、独联体、西亚非洲等六个洲区营销服务机构。打破了原来国内、国外分开的界限，立足"本土国际化"，全力推进企业营销工作，实现营销模式以国内为主向全面的国际化的转型。但因为大家囿于过去长期形成的习惯，很多方面还没有完全适应过来，运行过程中难免出现这样那样的矛盾和误解。洲区人员认为职能部门服务跟不上，扶持措施不到位，职能部门则认为洲区人员不理解他们的工作，双方互有怨言。

他希望大家换位思考，互相理解，一方面要敢于正视问题，一方面要善于处理问题。具体说，职能部门要适应机构调整带来的新的要求和挑战，增强力量，提升响应能力、决策能力和服务能力，努力为处在市场前沿的营销队伍当好"保姆"，甘做营销团队的"孺子牛"。处于职能部门和经销商之间的洲区服务机构，则要耐心当好"夹板"，甚至要甘当"孙子"，委曲求全。既要加强与职能部门之间的沟通、协调，又要做好经销商们的服务、支持工作，保证业绩持续增长。经销商呢，也要设身处地，多理解公司和洲区服务机构的难处，配合公司一起想办法、出主意，克服困难，解决问题。要把自己当企业的"伙伴"而不是"客户"，这样，双方利益诉求一致，立场一致，就能找到更多的共鸣点，事业的空间就会更大。

"如果方方面面都能够换位思考，站在对方的立场上，为对方着想，很多问题解决起来就顺畅了。"南存辉语重心长。

这次国际营销大会为历届规模最大的一次。来自60多个国家的200多名经销商代表和各洲区营销负责人，一起分享了南存辉"农民坐飞机"的故事。

事物都不是一成不变的，只要大胆转变观念，敢
于创造，善于创新，很多看似不可能的事情都是
可以做到的。

厕所可以是香的

"你说厕所是臭的还是香的？在一般人的意识里，厕所当然是臭的。但如果你认为厕所应该是香的，那它肯定就是香的……"

2011年11月的一天，时任团中央书记处书记周长奎来访。南存辉饶有兴致地给他介绍了正泰集团如何在国际金融危机中实现逆势增长，正泰太阳能如何在全球光伏产业持续低迷的状态下取得快速发展的体会。随后，南存辉转向在场的正泰太阳能公司领导，说起了他的"厕所香臭论"。

南存辉说，目前太阳能光伏产业出现了一些新的趋势。原本认为晶硅电池有排放、成本高，从长远看不适合大面积推广，所以正泰选择以第二代高效薄膜电池为主要发展方向。短短时间内，正泰研发的薄膜电池稳定转化效率达到10.3%，成本下降到每度8毛左右，而且在多个已建电站中显示了薄膜电池的优势，并成为这个行业的排头兵。没想到的是，晶硅电

池经过持续的技术创新，排放在减少，成本快速下降，目前已逼近薄膜甚至比薄膜略低的成本。这对全球太阳能产业的发展来说，确实是好事，正泰在做的也有晶硅电池，也深受其益，但并不是说薄膜就无所作为了。事实上，薄膜电池成本下降的空间还很大，薄膜电池运用的前景非常广阔，关键是要加快技术创新步伐，寻求新的突破。

"我给公司提出的要求是成本做到 5 毛左右，争取 3 毛、4 毛。我认为这个目标是可以做到的。就像厕所，你不去改变它，它就是臭的。你去改变了，它就会变成香的。这其实就是个观念问题，有什么样的观念，就会有什么样的行动，当然也会有不同的结果。"南存辉说。

南存辉的"厕所香臭论"，据说曾有这么一个"由头"：应该是在好几年前的事了，一位高级领导到正泰视察。在车间参观的时候，那位领导突然提出要上厕所。结果一进厕所，令她耳目一新。那厕所里一尘不染，台盆上摆放着鲜花，工作人员正在给花浇水。里面没有一点人们想象中的臭气，而是散发出宜人的香味。领导由衷地赞叹了一句："想不到你们的厕所都是香的！"

这个故事不曾见诸报道，因而只能是"据说"，但这个"据说"的故事让员工们深感自豪。

南存辉自此常以厕所的香、臭来教育员工，说明事物都不是一成不变的，只要大胆转变观念，敢于创造，善于创新，很多看似不可能的事情都是可以做到的。

"厕所都可以变成香的，有什么不可以改变的呢？"他的这句话，成了许多员工遇到困难时用于鞭策自己的"名言"。

创新的三个支点

"如何改革科技体制，建设国家创新体系？我认为，要从创新方式、创新主体、创新载体三个方面做文章！"2011 年 9 月 5 日，在北京召开的国务院科技体制改革与建设国家创新体系座谈会上，应邀与会的南存辉提出了围绕"三创"做文章的见解。

首先，在创新方式上，要充分发挥民营企业的机制优势和作用，以产业为导向，建立面向全球的开放式研发体系。

南存辉谈到了正泰在这方面所做的努力：一是在上海、杭州、温州等地，以企业为依托，建立了国内外专家结合的国家级研发中心，开展了光伏技术工艺、半导体高端装备与自主集成、能效管理系统、自动化控制系统、储能电池管理系统、电力电子 IGBT 等技术的研发；二是在欧美等发达国家，以聘请专家和收购团队、科技公司相结合，建立了若干个研发团队。例如，在美国建立了智能电器、新能源、电力电子、微电子技术等研发团队和机构；三是引进美国 MEMC 公司流化床炼硅技术和连续拉单晶专利技术、超薄硅片 HIT 技术以及离子注入技术，发挥"后发优势"，选准技术路线，不断降低光伏发电系统成本，将一代、二代光伏电池成本分别降到每瓦 0.8 美元和 0.6 美元以下，发电成本降到每度电 0.5 元及以下。从而实现了光伏产业赶超战略，使中国从光伏产业大国升级为光伏产业强国。

其次，在创新主体上，要切实体现以企业为主体，特别是体现以民企为主体，以市场为主导，产学研互为作用。民企也会有许多失败，但民企有及时纠错和调整的机制。

南存辉以正泰为例。他说，某电器科学研究机构被正泰控股后，人还是原来的人，但转换了机制，效果完全不一样了。某高校中自公司，由正泰投资后，由于习惯、思路的改变，得到了很好的发展。正泰参股的某高校中控公司，强调以市场为主导，以技术为依托，也取得了较好的发展。

再次，在创新载体上，要建立起政府支持，以产业为依托，民企为主导的孵化器。

还是以正泰为例。南存辉说，正是基于这样的思考，正泰成立了科投基金，支持创新型企业发展。同时，在杭州下沙建立了电子信息创业园，吸引符合产业方向的人才和小微企业入园，对有发展前景的产品、团队、企业给予资本投资等方面的扶持。至今，正泰已参股了四家企业，都是高新技术企业。其中一家企业生产的海上风机控制系统被国家能源局列为指定安装产品。

创新的三个支点

如何保证"三创"文章顺利开篇，并写出新意？南存辉提出了如下建议：

1. 鼓励行业龙头民企参与国家科技重大专项，可直接向科技部申请国家重点产业发展基金资助；

2. 对引进国外技术经费支出予以税前扣除，并给予财政补贴；

3. 制定支持走出去政策，特别是金融、外管方面政策的创新；

4. 综合利用关税、政府采购等手段，增强国产高端装备的市场竞争力。

> 因为我们的生活中确实充斥着许多劣质产品，而
> 做好这些产品，远比将"神五"送上天简单得多。

老美的玩笑

南存辉讲过自己的一次亲身经历：

"神舟五号"发射成功不久，他在美国考察，一位美国人对他说："你们中国人真了不起，世界上只有三个国家能将人安全送上天又返回来，你们做到了！"

南存辉听后深感自豪。

谁知老美话锋一转："可是，我就不明白，你们能把'神五'这样尖端技术的产品做出来，为什么平常一些小小的螺丝却做不好？"

老美接着说："原来，卫星上天是国家大事，你们国家的最高领导非常重视，要求一定要做好，一定要成功，因此谁也不敢掉以轻心。用中国人的话来说，叫作咬紧牙关，于是就做出来了。而像螺丝这样简单的产品，下面的人就不咬紧牙关去做了，所以做不好。"

这位美国人不过是在开开玩笑而已。可这玩笑让南存辉尴尬不已，一时竟然不知说什么好。不为别的，就因为我们的生活中确实充斥着许多劣质产品，而做好这些产品，远比将"神五"送上天简单得多。

他经常拿这件事告诫手下的经理和员工，做任何事情都来不得半点马虎，都必须一丝不苟。只要大家认真去做了，天下没有什么做不好的事情。

> 既不能按部就班，跟在别人后面亦步亦趋，也不能好高骛远，过度创新，以致未成先进却成了"先烈"。

螃蟹也有嫉妒心

有甲乙两个小和尚一起诵读经文，师父总是表扬乙和尚，甲和尚不满，故意把经书藏了起来。

师父把他们带到海边去看渔民捕蟹。眼前，一只大筐敞口放着，筐里的蟹拼命往外爬。甲和尚感到奇怪，问渔民为什么不把筐盖好。渔民说，一只螃蟹需要盖，一群螃蟹不用盖，因为螃蟹喜欢嫉妒，只要有一只快爬到筐口，另一只就会想方设法把它拖回筐里，就这样循环往复，谁也跑不出去。

甲和尚自知理亏，惭愧不已！

这本是一则笑话。

但当南存辉在2012年11月16日召开的上海电科电器科技有限公司董监高见面会上说出这则笑话时，大家却笑不出声来。

螃蟹也有嫉妒心

南存辉说，上海电科集团是中国低压电器最权威的技术研发机构，经过近十年的沟通、交流和洽谈，三年前，正泰集团与电科集团结成了战略联盟，成立了电科电器科技有限公司。双方优势互补，紧密合作，取得了明显成效。但在磨合过程中，也出现了一些问题。比如，研发人员把自己的产品开发方案拿到工厂试制，工厂对接不上，落不了地。为什么对接不上、落不了地？要么是工艺不行，没有设备，做不出来。要么就是觉得材料成本太贵，做出来不划算，要求研发人员改设计、改材料。于是，工厂埋怨研发机构不懂市场，做出来的东西难见效益。研发机构则埋怨工厂太现实，只顾眼前利益，不考虑长远目标。本来好好的一件事，就这样磨来磨去，把大好光阴都磨掉了。这不有点像螃蟹的做法吗？

他举苹果手机为例说，大家都知道 iPhone 系列。假如当初乔布斯设计出了手机方案，工厂说没有装备，没有工艺，要求他改设计，改材料，那会有今天的苹果手机吗？正因为他们相信乔布斯，服从乔布斯，所以有了今天的苹果。可以说，是乔布斯成就了苹果，也改变了人类的生活方式。因为乔布斯的创新，使人类在过去闻所未闻、想所未想的东西变成了现实。而我们目前缺乔布斯这样的人，也缺乔布斯成长的环境。所以，我们要培养自己的"乔布斯"，首先是要给"乔布斯们"提供创新的条件。

他强调，对在建的工业化部，要尽一切努力满足新产品试制的需要，设备不够，增加设备；工艺不行，改进工艺。实在不行，发挥供应链优势，到全世界去找，满足一切需要。而研发机构也要充分了解企业和市场的需要，确立科学合理的研发方向，形成快速响应市场的机制。他提出，正泰目前的研发应该采取"基础研究＋跟随创新"的模式。既不能按部就班，跟在别人后面亦步亦趋，也不能好高骛远，过度创新，以致未成先进却成了"先烈"。

"余秋雨在一篇文章中说，'反右'和'文革'中很多知识分子被打成'右派''反革命分子'关起来，平反后不怪制度不怪谁，而是互相指责，互相看不起，你那篇文章怎样怎样，你那个学术成果如何如何，典型的文人相轻，这是中国知识分子的悲哀！"南存辉意犹未尽。他希望摒弃与时代相悖的文化糟粕，传承中华文化的精髓，弘扬先进向上的"包容文化"，打造"互相尊重、互相帮助、互相学习、互相促进"的氛围。

提倡大家都要做四能干部，一是思考的能力，二是表达的能力，三是写作的能力，四是干事的能力！

管理者的"抢手"之道

某日，正泰集团行政人事部例会。会上，主持者别出心裁，搞了个限时器，每人限讲 5 分钟，时间一到，限时器就会发出"嘀、嘀、嘀"的提示音。然后，大家就用掌声打断发言。

南存辉说，听了大家的讲话很受启发。现在国际上的一些会议，都会给你限定时间，时间超过了你还在讲，下面就不停地鼓掌，一直鼓到你不好意思，下来为止。正泰用限时器提醒的方式，是跟国际接轨的表现。当然跟国际接轨还有许多工作要做，不仅仅是开会限时而已。

"我们提倡大家都要做四能干部，一是思考的能力，二是表达的能力，三是写作的能力，四是干事的能力！"南存辉说，我们的干部首先要会想，就是要会思考，会动脑筋；其次要会说，你只有会说，才能把你所想的传达下去，才能得到下属的理解与支持，才能上下一心把事情做好；再次是要会写，写出来作为部门或公司的工作指导，这很重要；最后是还要会干。说得再好，写得再漂亮，但说到底，我们的事业不是靠说出来的，也不是靠写出来的，到最后还是要靠干出来的。生产公司怎么干？部门怎么干？这就是个如何提高执行力的问题。

如何提高"说"的能力？当然要靠不断地学习和锻炼。

南存辉以他自己为例，说小时候他们村里有个"口吃兵团"，有司令员，有军长，有旅长，等等，他大概排在连长的位置。那时候大家都不懂事，村里住了一个卖油条的结巴，经常哄大家，谁跟他学，就给油条吃。就这样，一大群小孩跟着他屁股转，学他如何结巴，结果大家都结巴了。后来南存辉自己办起了工厂，说话还是有些结巴。他第一次接待，乐清县一位副县长陪同省许可证检查组的专家前来，有十几个人。客人坐齐后，他壮着胆子汇报，但刚说了一句"各位领导：大家……好！"下面就不知道讲什么了，弄得很尴尬。事后，他父亲鼓励他，你慢慢讲，慢慢讲，想清楚再讲。他自己经常上台讲话，讲多了就锻炼出来了。数年前，他随时任国务院总理温家宝出访意大利，在一个会议上，也是让他们每人发言 5 分钟，介绍自己的企业，结果他胸有成竹，博得了大家的好评。

他以此说明，人的能力是要靠"逼"才能提高的，"五分钟讲什么话，十分钟讲什么话，半个小时讲什么话，一个小时讲什么话，逼着你锻炼，你能够把它讲清楚，这是表达能力。所以表达能力是靠学习、靠培训、靠锻炼出来的。"

南存辉接着强调了写的重要性。他说，写一份报告，概括起来总的思路怎么样，就像行军打仗一样，要把整个全面的部署，全部都弄清楚，这是不容易的。写清楚不容易，而且逻辑要严密，思路要清晰。

南存辉借题发挥，认为讲也好，写也好，关键在于简单明了，深入浅出。我们写了那么多的管理标准，大家记都记不住。可战争年代，毛泽东就编了一套"三大纪律，八项注意"，大家都学会了，还编成了歌。就靠那几句话，锻炼和培养了一支战无不胜的军队，最后赶走了日本帝国主义，打败了国民党。我们是不是也可以来一次创新，不要把规章制度、管理标准搞得那么复杂，就搞几条简单易记的东西，甚至也可以编成个歌来唱？

"转身"要华丽

"'十一五'期间，正泰走出了一条独具特色的转型升级之路！"

好些场合，南存辉对正泰过去五年的变迁作了这样的概括。

他所说的正泰转型升级之路，包括五个方面：

一是以进入智能电网、量测控制、能效管理等领域为标志，正在实现产品结构由生产分立的元器件、装置、设备向提供智能化、集成化的全面解决方案的方向转型。

二是以首台"中国造"的太阳能薄膜成套装备下线和第二代光伏电池模块量产为标志，正在实现产业结构由传统制造领域向绿色能源及高端装备制造的方向转型。

三是以正泰营建的宁夏与韩国的光伏电站、柬埔寨的水电站相继并网运行为标志，正在实现由单纯制造业向工程承包、电站商务运营和长期增值服务的方向转型。

四是以正泰与跨国公司就知识产权达成全球和解为标志，体现了自主创新能力和品牌影响力，打破了竞争对手的多重壁垒，加快了"走出去"的步伐，正在实现由基本业务从国内向包括研发、采购、生产、营销、投资、人才等方面的整体运营全面国际化的方向转型。

五是以正泰电器在上海主板上市为标志，正在实现公司由个人股东控制向企业股权公众化、管理专业化、信息公开化、程序法制化的方向转型。

南存辉关于正泰"五个转型"的阐述，引起了众多领导的关注。

在第十一届全国人大四次会议浙江代表团审议会上，说到产业结构向光伏新能源的转型，时任国务院副总理李克强一连问了南存辉好几个问题，如：正泰太阳能的稳定转换效率、成本，所建光伏电站的规模、效益等。在浙江省非公经济代表人士座谈会上，南存辉汇报时，主持会议的时任浙江省委副书记夏宝龙不时提问，关注正泰相关光伏发电项目的占地面积、发电容量、成品配套等。

全国政协原副主席、中国工程院原院长徐匡迪听了相关汇报后，感慨地说："原来你们早在'十一五'就开始转型了，真是做得非常好。最让我感到欣慰的是，你们能不断学习，扩大和提升制造业水平，这在民营企业，是不可多得的优秀品质！"

作为企业"掌门人"，既不能过度专权，也不能过度放权，"集权"与"授权"的关系必须很好地处理。

秦朝大败局的启示

南存辉喜爱中国传统文化。有一段时间，他在太湖大学堂学习，在南怀瑾大师的指导下，系统阅读了北宋司马光编著的《资治通鉴》。读到《秦纪》部分，一个问题引起了他的思索：秦朝的灭亡对我们办企业有什么启示？

南存辉慨叹于这样的事实：在中国历史上，秦王朝的建立是一件具有划时代意义的大事。在140年的时间里，它从一个西部小国开始迅速崛起，最终吞并天下，成为中国历史上第一个统一的中央集权的王朝，也从此奠定了中国两千多年以来封建社会的基本格局。遗憾的是，仅仅15年后，这个梦想绵延万世的王朝就迅速灭亡了，成为中国历史上最令人玩味的短命王朝。

在与身边工作人员探讨时，南存辉说，关于秦朝灭亡的原因，站在不同的角度，会有不同的看法，他比较认同的原因有以下几个方面：

一是苛捐杂税多。自秦朝统一之后，又是修长城、修阿房宫，又是铺驰道，还要支持几十万军队北驱匈奴、南扩疆土。国力消耗太大，只有增加税赋，各种苛捐杂税名目繁多，弄得民不聊生。

二是徭役过重。秦朝统一后大兴土木，各种工程纷纷上马，有些工程从长远来看有利于生产力的发展。但在当时情况下，强征劳力，无疑是劳民伤财，导致了民怨沸腾。"孟姜女哭长城"的故事，就是这段历史的写照。

三是法律严酷。秦朝崇尚法家，律法严苛。秦孝公时期推行的商鞅变法，强调法纪，激励作战，对于增强秦国实力，为最后战胜六国，统一天下，打下了良好的基础。但在统一后，矛盾已由原来的战争与和平的矛盾转化为压迫与反抗的矛盾。不施"仁政"，沿用战争年代的法令、制度，显然已不合时宜。陈胜、吴广起义，一个直接原因就是他们一行几百人被发配去戍边，途中连逢大雨，无法按期到达目的地。而按秦朝法律，"误期，法当斩"。他们想到的是不造反也是死，造反最多也是个死，与其等死，不如起来造反，说不定还能活命。

四是朝纲混乱。秦始皇死后，按当时的律令该由公子扶苏继位。扶苏经历战争，对人民的生活及愿望多有了解，也曾力劝秦始皇放弃暴政。如果由他继位，或可改变秦朝历史。但赵高出于自身利益考虑，伪造始皇诏书，斩杀扶苏，拥立秦始皇的次子胡亥继承皇位，史称"秦二世"。宰相李斯明哲保身，助纣为虐。秦二世治国无能，昏庸无道，成就了赵高专权的局面。而赵高治理国家同样无方，只能滥用法令。他为试探大臣们对他的态度，当着秦二世的面上演了一出"指鹿为马"的闹剧，说假话的相安无事，说真话的最后都被他一个个除掉。李斯最后也落得个被诛灭九族的下场。将军们仗打得不好，他当然要治罪；仗打得好的，他因为害怕威胁自身地位，也要想方设法置人于死地。所以，军队无心辅国，在风起云涌的起义军进攻面前，将领们根本不愿誓死抵抗。

五是六国后代不服。秦朝通过武力灭了六国，财物搜刮一空，美女尽皆接收，而且对他们的后代赶尽杀绝。所以，陈胜、吴广在大泽乡揭竿而起后，六国后代纷纷举事，群雄并起，最终导致了秦朝的灭亡，"亡秦者，秦也。"

"众多原因，归纳起来，无非是三条！"南存辉总结说，第一，暴政体制导致"官逼民反"。用贾谊《过秦论》的说法就是"仁义不施，而攻守之势异也"；第二，用人不当导致朝纲混乱。胡亥不是帝王之才，赵高不是贤臣明相；第三，秦二世不问，也无力过问政事，过于"放权"，导致赵高专权，贻害天下。

"鉴于往事，有资于治道"，这是"资治通鉴"的本意。南存辉认为，秦朝的灭亡对当今企业的深刻启示在于：

1. 体制要不断变革，要与时俱进。在企业管理中，既要强调刚性管理（制度），也要加强柔性管理（文化），要把两者有机地结合起来；

2. 要重视后继人才的选拔培养。选好接班人，用好经理人（像赵高一样的"经理人"决不能用）；

3. 作为企业"掌门人"，既不能过度专权，也不能过度放权，"集权"与"授权"的关系必须很好地处理。

> 对于企业来说，必须以人为本，尊重员工的人性，重视劳动的价值，真正树立"人本思想"，建立起一种"和谐文化"，才能实现企业健康快速可持续发展。

"文景之治"支着企业之治

南存辉读《资治通鉴》，读到《汉纪》，他最感兴趣的是"文景之治"。

所谓"文景之治"，指的是西汉文帝、景帝统治时期，重视"以德化民"，继续实行与民休息和轻徭薄赋的政策，使国家政治清明、经济发展，呈现出一派和谐、繁荣的景象。

基本的事实如下：

由于秦末农民战争和四年楚汉之争，社会动荡不安，经济遭到严重破坏，致使西汉初年，社会经济非常贫困。史书上记载当时的情况是：老百姓无法在田地上生产，到处是饥荒，发生了人吃人的现象，百姓死者过半。那时连皇帝也坐不上四匹纯一色的马拉的车子，将相们只能坐牛车。面对着这种形势，恢复和发展封建经济成为巩固统治的当务之急。汉初的统治者采取了休养生息政策，减轻徭役赋税负担，注重发展农业生产，以巩固封建统治。文、景两代，继续大力推行这一政策，因而促进了社会经济的较快发展，开创了空前盛世。

到景帝末年，国家的粮仓丰满，新谷子压着陈谷子，一直堆到了仓外；府库里的大量铜钱，多年不用了，穿钱的绳子烂了，散钱多得无法计算了。

史学家们解读"文景之治"，认为最重要的原因有三条：

一是轻徭薄赋，发展生产。汉文帝曾多次诫令地方官吏，要积极鼓励农业生产，对那些努力耕田种桑的人要给予奖励。他下诏说："农，天下之本，务莫大焉。"意思是说，农业是天下的根本，治理国家没有比它更重要的了。为了发展农业生产，他采取的办法是减轻田租，把原来的"十五税一"，改为"三十而税一"。文帝十三年，还全免田租。景帝也曾下诏说，农业是天下的根本，黄金珠玉，饿了不能吃，冷了不能穿，都不如谷物和丝麻。为了促进农业的发展，他把田租"三十税一"正式定为制度。人头税也有所减轻，汉代人头税为算赋，民年十五岁到五十六岁，每人每年交纳一百二十钱。文帝时曾减为四十钱。同时，对周边敌对国家也不轻易出兵，维持和平，以免耗损国力。徭役也很少征发，文帝甚至定为"三年而一事"，即三年征发一次，而且往往时间很短，不占农忙季节。

二是倡导节俭，休养生息。有一次文帝想盖一座露台，但是一计算，需要花费100斤黄金，约相当于中等人家十家的家产，便取消了这个计划。文帝生活也十分节俭，宫室内车骑衣服没有增添，衣不曳地，帷帐不施纹绣，更下诏禁止郡国贡献奇珍异宝。因此，国家的开支有所节制，贵族官僚不敢奢侈无度，从而减轻了人民的负担。

三是减轻刑罚，废除酷刑。文帝和景帝时期，取消了一些从秦代沿用下来的残酷的刑法，如割鼻、斩趾、连坐（即一人犯罪，全家人一同治罪）等，这样做，减少了社会的动乱因素。

"文景之治"给后世的启示是什么？南存辉认为：

1. 只有适时、适当地调整生产关系，才能促进生产力的发展，促进经济繁荣和社会和谐；

2. 只有心系百姓，休养生息，减轻负担，才能最广泛地调动群众的积极性，才能有利于国家的长治久安；

3. 对于企业来说，必须以人为本，尊重员工的人性，重视劳动的价值，真正树立"人本思想"，建立起一种"和谐文化"，才能实现企业健康快速可持续发展。

第三章　发展观

——缜思无国界

中央政策如何变成企业机遇？面对跨国公司，中国民企应该做点什么？中国制造业之路怎么走？浙商的未来在哪里？

龙头企业带动中小企业转型升级，既是现阶段我国经济社会发展的要求，也是龙头企业自身提升整体竞争能力，促进健康、可持续发展的内在需要！

"以大带小"促转型

转型升级是当下时髦话题。2011年8月23日，由全国工商联和吉林省政府在长白山市共同举办的"中国民营经济发展研讨会"上，围绕这个话题的讨论热热闹闹。

"龙头企业如何带动中小企业转型升级"，这是南存辉的发言题目。

南存辉说，随着经济全球化的深入，市场竞争已由单纯的产品竞争转变为综合实力的竞争，由单体的企业竞争转变为企业群体竞争。民营企业在资源整合力、品牌影响力、市场应变力、自主研发能力、持续盈利能力、资本运筹能力等方面面临诸多压力与挑战。不断提升企业核心竞争力、实现可持续发展、有效履行社会责任，与供应链上下游中小企业互助共赢，已成为企业的重大战略课题。

"可以这样说，龙头企业带动中小企业转型升级，既是现阶段我国经济社会发展的要求，也是龙头企业自身提升整体竞争能力，促进健康、可持续发展的内在需要！"

南存辉介绍，正泰带动中小企业转型升级，主要体现在对上游的供应商、下游的经销商企业的全力帮扶上。2008 年 10 月，公司提出"构建战略合作、实现互助共赢"的战略举措，成立了专门团队。按照"现场诊断、制定方案、驻点帮扶、验收总结、持续跟进"的步骤，对供应商、经销商企业，分层次、分阶段、因地制宜地开展了个性化、定制化的帮扶提升。

在对供应商企业的帮扶上，正泰主要做了四个方面的工作：一是帮助供应商建立与完善运营体系。对其企业组织架构与价值链核心流程进行了优化再造，通过了体系认证。有效促进了供应商企业向规范化、精细化管理方式转变；二是帮助供应商推动技术与工艺装备改造，积极引导供应商企业开展技术创新，淘汰落后生产工艺设备。提升交货合格率，降低成本质量损失；三是帮助供应商全面提升生产与响应能力。积极推行准时生产制与柔性化生产方式，优化工艺流程。强化动态监控，实施精细化管理。帮助其构建电子商务平台，实现了产销有效衔接与信息共享，提高了市场快速响应能力，提高交货及时率与库存周转率；四是帮助供应商强化团队建设与培养各类管理和专业人才。

对经销商企业的帮扶，则是在提供"信息平台、物流平台、技术服务、信用资金"四大平台支持的基础上，重点帮助他们提升了管理能力与水平，建立了物流配送体系，完善了渠道形象与分销体系，强化了营销团队的建设与培养，同时协助他们拓展行业市场，扩大了营销业绩。

对于正泰"以大带小"的成果，南存辉用一句话来概括："供应商、经销商企业的能力增强了，我们的发展也更好了！"

南存辉还特别强调政府和行业协会在民营企业转型升级中的重要作用。"除了企业自身努力外，更需要进一步得到国家在法律、法规层面同等的待遇和保护，政府在市场准入、产业、金融政策等方面平等的支持和关怀，媒体等社会各界特别的理解和呵护。同时，要健全和发挥商会、协会的机制和作用，引导并做到行业自律，进而实现健康持续共赢发展。"

金融改革是大势所趋，我们不提，别人也会提。
如果大家都不提，可能永远实现不了。大家都提了，
或许会有实现的那一天。

呼唤民营银行

2012年全国"两会"，南存辉共提交议案4份、建议6份。其中一份《关于在温州金融改革综合实验区成立民营股份制商业银行的建议》，可以说是他最看重也最期待得到落实的。

在赴京之前的一次讨论会上，当南存辉把这一想法提出来时，专家们的意见并不一致。多数人认为，国家金融政策牵一发而动全身，允许成立民营银行，意味着国有商业银行"一统江湖"的局面将被打破，金融朝向多元化发展，国家怎么会放开呢？

南存辉力排众议，"大家说的都很有道理，但总得有人去呼吁。我觉得，金融改革是大势所趋，我们不提，别人也会提。如果大家都不提，可能永远实现不了。大家都提了，或许会有实现的那一天。"

他提上去的这份建议，详述了设立民营银行的重要意义。

呼唤民营银行

"首先，有利于引导信贷资金投向实体经济，解决中小企业融资难、融资贵的问题。"他说，实体经济，特别是中小企业融资难、融资贵问题的关键在于目前我国金融市场结构单一，竞争不足。为数不多的小额贷款公司虽致力于服务实体经济，但其"只贷不存"的政策限制，让小贷公司"有心放贷，无力融资"。用孟加拉"穷人银行家"尤努斯访华时说的一句话，等于"锯了小额信贷的一条腿"。建立民营股份制商业银行，可在一定程度上改变国有银行垄断的局面，形成国有金融与民营金融、大型金融机构与众多中小型金融机构竞争共存的新局面，从而改变实体经济结构与金融组织体系结构的不对称服务，让每一个中小微企业都可以对号入座，门当户对，找到一个合适的"婆家"。

其次是有利于金融业服务中小企业和"三农"。他以数据说明，截至 2011 年，全国登记注册的私营企业已超过 900 万家，个体工商户超过 3600 万户，民营经济提供了全国 60% 以上的就业岗位。在温州等民营经济发达的地区，民营经济解决了 90% 以上的就业问题。取消对民营金融机构的规模限制，允许发展民营股份制商业银行，有助于缓解"三农"融资难，有助于在当前国际经济形势不明朗的情况下，支持中小企业渡过周期性困难，实现可持续发展。

再次是有利于规范民间信贷，加强金融监管，防范系统性风险。改革开放以来，我国积累了雄厚的民间资金，仅温州就有 6000 亿的民资在体外循环，到处"游走"。一边是民间资本投资无路，一边是广大中小微企业融资无门。这种尴尬境地，直接导致了部分地区民间借贷的混乱局面，导致了少数企业主因资金链断裂而"跑路""跳楼"等现象，加剧了实体经济的困难。组建民营股份制商业银行，能够有效"收编"并逐步引导温州民间资本纳入现代征信体制，实现对民间资本的依法调控和监管，防范系统性风险，促进本地金融市场走向规范化、法制化、阳光化，成为连接民间资本与实体经济的桥梁。

按照南存辉的构想，这个民营股份制商业银行，将按照《公司法》，以"自主经营，独立核算，自负盈亏，民主管理，依法纳税"为宗旨，由当地实力强大、信誉良好的龙头民营企业做主发起和控股，吸纳民间资金而成立，其经营管理权不受人为的干涉和控制，完全由银行自主决定，体现民有、民治、民责、民益四大特点。

令南存辉惊喜的是，"两会"期间，代表、委员们围绕建立民营银行的建议、发言不少。新华社还专门就他的建议发了题为《"收编"民间资本 促进实业发展》的通稿。

这让他坚信："大家都提了，或许会有实现的那一天。"

什么叫好的服务？让人不知道政府部门在哪里就是好的服务。一个部门如果三天两头找企业的麻烦，弄得人人都怕你，人人都知道你在哪里，恐怕不是好的服务！

先进从何而来

2006 年 3 月 28 日，南存辉要到温州工商局传达全国"两会"精神。温州工商局说他们的办公地点不好找，会派人来带路。

"我一路上怎么也想不起工商局在哪里，我大概十几年前来过，后来虽有联系，但都是你们上门服务。这使我想到，什么叫好的服务？让人不知道你在哪里就是好的服务。一个部门如果三天两头找企业的麻烦，弄得人人都怕你，人人都知道你在哪里，恐怕不是好的服务！"

南存辉的一段"开场白"，引得大家开怀大笑。

在近两个小时的会议上，南存辉介绍了全国"两会"的概况，政府工作报告的要点、代表关注热点等。落脚点则是对温州经济发展环境的建议。

他说，温州的发展到了一个关键时期，制约瓶颈凸显，今后怎么办？他的想法是，首先要从发展的理念上找准定位。温州市经过反复研究，提出打造先进制造业基地，他认为非常准确，关键要在"先进"上做足文章。而要实现这个目标，自主创新是必由之路。

"要搞好自主创新，营造良好的执法环境很重要。"南存辉说，很多小企业刚开始可能不规范，执法部门首先要做的不是罚款，而是教育。比如商标问题，有的企业不懂，或者是注册地搞错了，或者是原产地搞错了，可能是"无心之过"，执法部门要进行培训。通过培训、教育，还是出错的，再罚款不迟。

"我们现在讲自主创新，自主创新靠谁啊？它的主体是企业。而在温州，民营企业是主体中的主体，因为没有什么国有企业嘛。民营企业主大多出身农民，农民没有多少文化，起步都比较低，就是要靠不断地教育、引导。你总得给人家一点改正错误的机会，放水养鱼嘛，鱼大了，才好回报社会啊！"南存辉的一番趣谈，引来了阵阵热烈的掌声。

局长在结束语中说，南存辉的讲话，集三种身份、四种语言于一身。

他的大意是说，南存辉首先是以全国人大代表的身份来传达"两会"精神的；其次是以温州市人民政府经济顾问的身份，对政府如何营造良好的执法环境提出了建议；然后是以温州青年企业家协会会长的身份为一些中小企业进行呼吁，希望对他们的健康成长给予扶持。而他讲话的语言，是一种真诚的语言、朴实的语言、风趣的语言、幽默的语言。没有华丽的辞藻，但让人听了既有政策性，又很生动。

一个清醒的"企业家"，才是南存辉最真实的身份。

在做好与国际金融资本对接之前，一定要把自己的特长巩固下来，要想成为爷爷，先学会做孙子，甚至学会装孙子，向竞争对手学习，尤其是向世界 500 强企业学习。

对接世界 500 强

在 2007 年 11 月 28 日举行的"2007 民营企业对话世界 500 强"活动上，世界 500 强企业、著名跨国公司、国内外金融机构、投资促进机构、商会协会、国内知名民营企业代表以及有关政府官员和专家学者等 1300 多人，就"中国民营资本与国际资本的对接与融合"这一热点问题进行了探讨。

作为温州民营企业的代表之一，南存辉在开幕式主题论坛上的发言，引起了中外嘉宾的共鸣。

"如果说前一阶段中国的民营企业与国际对接的方式主要是以引进技术或者产业对接为主的话，那么现阶段或者将来一个较长的时期内，我们中国的民营企业已经具备了与国际金融资本对接的条件。在这一新的形势下，民营企业如何做好产业资本与金融资本的对接呢？"南存辉以设问开场。

接着，他以正泰正在进行的"跨越"来破题——

一是坚持自主创新，推进由粗放型经营向集约型经营的跨越。在做好与国际金融资本对接之前，一定要把自己的特长巩固下来，要想成为爷爷，先学会做孙子，甚至学会装孙子，向竞争对手学习，尤其是向世界 500 强企业学习。不久前，正泰引进了全球认证权威机构——荷兰 KEMA 公司，帮助我们加快技术创新步伐。同时，与美国 GE 等大型跨国公司采取不同的合作方式，提高技术创新能力，获得了很多国际性的认证证书，使我们的产品不断走向世界。

我们认为，创新不仅是技术的创新，还有管理的创新、制度的创新等等。正泰一直在不懈地追求用信息化技术来嫁接传统产业，用先进的技术和管理手段来提升整个管理能力和水平。现已实现由传统的营销方式向现代网络营销方式的转变，同时推行精益化生产，提高生产效率。这在目前的电气领域还是为数不多的。

创新意味着风险和失败，这就要求我们树立信心。正泰与低压电气行业中最强的企业之间，在学习中也敢于发出挑战，也就是说我们在尊重别人知识产权时，也要敢于拿起法律武器来捍卫自己的创新成果。中国的民营企业和世界 500 强企业一样，都要在 WTO 的框架下共同遵守法律，履行应尽的义务。

二是不断优化产业结构，推进传统产业向节能环保型产业跨越。正泰已进军风能和太阳能。去年 10 月，投资两千多万美元的正泰太阳能科技有限公司在杭州注册成立。今年 5 月，国内第一条太阳能电池全自动生产线全面投产，产品主要出口到欧美发达国家和非洲一些欠发达地区，也就是没有电网的地区。短短几个月内保证了 25 兆瓦的年产能，并确保在年底前完成 1 亿元的出口额，创造了年中投产、年底盈利的佳绩，这在行业内实属罕见。同时我们正积极推动传统产业在国内上市，太阳能产业计划到美国上市。

三是积极转变运营模式，推进产品经营向资本经营跨越。我们在资本方面成立专项基金，主要向电力能源，向我们熟悉的领域进行投资。我们非常愿意与国际金融机构一起分享我们的发展成果。

四是积极实施"走出去"战略，推进由中国制造向世界名牌跨越。这里有一个概念，"世界工厂"是"世界的工厂"还是"世界性工厂"？我认为，中国不能够成为世界的加工厂，世界的工厂就是所有企业在中国设立的车间。成长起来的企业要走出去，要为全世界的经济发展做贡献，所以我们中国要成为世界性的工厂。正泰目前正在做一个国际化的收购，涉及几百亿元人民币，欧洲和美国的几家大机构已经参与进来。我们也欢迎在座的各大机构能够合作，共同为全球发展做出贡献。

四个"跨越"，一番气魄。

当地媒体这样描述当时的情景：

"台上，南存辉豪言壮语。台下，挺宇集团总裁潘佩聪拍手叫好。她说："在经济全球化的背景下，民营企业必须既会'酿酒'，又会'吆喝'，在具备好的产品、好的团队、好的品牌后，应积极走出去，收购国际品牌未尝不是一种好思路！"

看是视野问题，想是思维问题。这就要求我们站在战略的高度，用世界眼光、国际视野、现代思维，进一步解放思想，突破体制障碍，摒弃成分论，对外开放，对内放开。

中国为什么出不了西门子

2008 年 5 月 24 日下午，上海市虹桥迎宾馆。一个由上海市政府、中国企业家论坛主办，上海市经委承办的座谈会在这里举行。

这个以"如何加快上海现代服务业和先进制造业"为主题的会议，得到了上海市委、市政府的高度重视。时任中共中央政治局委员、上海市委书记俞正声等出席，就如何促进上海形成以服务经济为主的产业结构、促进上海现代服务业和先进制造业发展等问题，与来自全国各地的 30 多位知名企业家和经济学家亲切交谈。

南存辉作为制造业企业的代表，被指定在会上发言。

"俞书记到上海后，经典语录很多，其中有两句话引发了大家的热烈讨论和积极思考。"

南存辉所说俞正声的经典语录，一句是："上海为什么出不了马云？"

中国为什么出不了西门子

另一句是："上海要跳出上海看上海，跳出上海想上海。"

站在发展先进制造业的角度，南存辉由此引申："上海乃至中国，为什么出不了ABB、西门子？"

ABB、西门子是世界500强企业，是全球制造业学习的标杆，理所当然应该成为上海制造业学习的标杆。

南存辉说，要使上海培育出像ABB、西门子这样的国际大企业，答案也在俞正声书记的讲话中，就是要"跳出上海看上海，跳出上海想上海"。看是视野问题，想是思维问题。这就要求我们站在战略的高度，用世界眼光、国际视野、现代思维，进一步解放思想，突破体制障碍，摒弃成分论，对外开放，对内放开。只有解决了机制问题，才能更好地解决人才引进、自主决策等根本活力问题，提高投资兼并、资产重组、全球整合、国际化运作等经营问题，从而促进上海先进制造业又好又快地发展。

南存辉在发言中说到两个例子。一个例子是2007年11月，他和中石油、中粮、中建、工商银行等9家大型国有企业负责人随时任国务院总理温家宝赴莫斯科，参加中国俄罗斯年闭幕式活动。国资委的一位领导问南存辉，大型国企负责人年薪100万高不高？他说："不高，太少了！我们的标杆企业如果是优秀的跨国公司，要与他们在全球范围内竞争的话，如果机制不活，不与国际接轨，就很难招到并留住国际一流人才，没有国际一流人才，我们又怎样去发展先进制造业呢？"

再一个例子是，几年前上海电气拿出优质资产，投资60亿元，准备引入民营资本，找到正泰投资，南存辉要求投资31亿，由正泰控股。他的本意不是想做老大，只是想引入民营机制，按市场及国际化的要求解决经营决策、人才激励等影响可持续发展的问题。但当时对方负责人回答说，不行，政策不允许。也正因为如此，才有了正泰在上海松江自建基地、从头开始的举措。

由此说明，要发展上海先进制造业，打破传统的思想意识和体制障碍，建立与国际接轨的体制、机制何等重要。

南存辉坦言，和其他企业一样，正泰在进一步的发展中，也遇到了资源匮乏、能源紧缺、成本增加等方面的问题。破解这些难题，正泰正在进行积极推进四个方面的转变：一是由单一的生产制造商向系统集成解决方案提供商转变；二是由单纯卖产品向卖服务转变；三是由传统产业向节能、环保型产业转变；四是由单纯的企业经营向经营企业转变。而所有这些转变，都需要政府的积极引导和政策扶持。

"我认为，俞书记所说的'马云'只是一个代名词，其内涵应该理解为，上海要建立有利于先进制造业发展的体制、机制，还要营造更好的创业、创新环境。我相信，有了更好的机制、环境，上海不仅会出现更多的'马云'，也会出现更多像 ABB、西门子这样一些标志性的企业，这应该是发展上海先进制造业的题中之意！"

南存辉的发言，引发了与会领导和专家、企业家的共鸣。

温州机械行业存在的问题归结为：发展方式仍然呈现粗放型态势，物耗、能耗依然较高；结构性矛盾依然突出。低端产品产能过剩，高端产品的技术来源过度依赖外部，新技术和新产品的创新能力不足；企业自主创新能力弱。

为温州机械工业发展进言

南存辉在温州机械工业联合会会长任上干了两届，共 8 年的时间。2010 年 8 月 23 日进行换届，他辞去会长职务。他在"告别"发言中说，此刻的心情，可以说是感慨万千，难分难舍！

"过去几年中，在市委、市政府的正确领导下，在市有关部门的大力支持下，温州机械工业行业以科学发展观为指导，坚持自主创新，积极开拓市场，推动转型升级。在电气、汽摩整机及配件、泵阀、机械基础件等行业加大了投资强度，推进了产业升级；同时坚持技术创新，加大研发经费投入，大力开发新产品并参与行业标准化建设，取得了显著的成绩。尤其是，温州机械工业在温州国民经济中的比重大幅提升，发挥了举足轻重的作用，做出了应有的贡献！"他这样来概括本届理事会的"政绩"。

对他本人，他说："承蒙各位理事、会员单位的信任，各位顾问指导帮助，承蒙各位副会长、秘书长的大力支持和配合，在推进行业发展中，做了一些力所能及的工作。"并将那段日子称为"激情燃烧的岁月"！

卸任不等于放弃责任，"虽然离开了温州机械工业联合会会长的职位，但并没有离开机械行业，没有离开机械工业联合会这个大家庭。因此，我会以联合会的光荣为光荣。继续关注、支持联合会的工作，并努力把我们企业的各项工作做好，为联合会，为我们整个行业的发展添砖加瓦，增添光彩！"

他把温州机械行业存在的问题归结为：发展方式仍然呈现粗放型态势，物耗、能耗依然较高；结构性矛盾依然突出。低端产品产能过剩，高端产品的技术来源过度依赖外部，新技术和新产品的创新能力不足；企业自主创新能力弱，创新投入不足、研发条件差、经验欠缺、技术队伍能力不强，无法有效支持产业升级，等等。据此，他就如何加快全市机械行业由"大"到"强"的转变，实现机械工业由"量"到"质"的提升，提出了五点建议：

一是着力推进传统产业高端化、高新技术产业化，构建现代装备制造体系。抓住国家培育战略性新兴产业的契机，大力发展节能产品和新能源设备等新兴产业，为各行业提供节能降耗的基础装备。积极推进清洁生产，发展机械产品再制造，坚持走绿色制造和循环经济的新型工业化道路。

二是着力推进信息化与工业化融合，促进信息技术和机械产品的融合，使机械产品向数字化、自动化、智能化方向发展，以信息技术提升机械工业的研发设计、加工制造、企业管理等各环节水平，提升机械企业核心竞争力，提升装备制造业整体素质。

三是着力加强自主创新。加强共性技术和基础工艺研究，重点突破关键零部件自主化，提升基础配套体系发展水平，加快形成自主技术、标准和品牌，促进形成新的竞争优势和经济增长点。

四是着力推进"走出去"战略。坚持"引进来"和"走出去"相结合，积极参与国际分工与合作，充分利用国外技术市场和人才市场，培育一批创新型、外向型的大企业。

五是在条件成熟的时候，积极酝酿、推动温州机械行业内的"强强联合"，建立战略联盟，以充分调动各种资源，发挥整合优势，实现做强做大。

南存辉引述《增广贤文》中的两句话"长江后浪推前浪，世上新人赶旧人"作为发言的结尾。他期待新的一届理事会和新会长，以振兴机械工业为己任，联合行业各方力量，发挥好"沟通信息、反映诉求、提供服务、规范行为"的功能，为推进全市机械工业转型升级做出新的、更大的贡献。

时任温州市副市长孟建新在随后的讲话中高度概括了南存辉的五条建议，称它是深思熟虑的结果，抓住了温州机械工业转型升级的关键所在，也是希望所在。

随后，南存辉把协会的"印把子"交给新任会长，完成了新老交替……

不管外部环境怎么变化，自己的内心一定要平静。

要做成一件伟大的事业，主要是三个字：平常心！

企业破产是一种社会进步

"企业破产是一种社会进步！"在 2013 亚布力中国企业家论坛夏季峰会上，南存辉此语一出，许多人惊讶得睁大了眼睛。

在这场以"失败的教训：以尚德为例"为主题的分论坛上，光伏大佬无锡尚德盛极而衰的故事成为人们解剖的案例。多数人在发言中认为，尚德的故事其实是政府过度支持，在短期内将其"催肥"，然后又在企业面临经营困难的关键时刻"断奶"，导致其破产。不少人将责任归咎于政府的"忽悠"，认为是"成也政府，败也政府"。

南存辉却将这种观点扭转过来。他说，光伏新能源因节能、环保、与环境友好及成本不断下降等特点，在优化能源结构，化解空气环境压力，实现经济社会可持续发展等方面，正受到中国及各国政府的政策鼓励和市场的认可，发展前景看好。

企业破产是一种社会进步

企业选择发展光伏产业没有错，政府大力支持更没有错。为什么美国、欧盟要对中国光伏产品实施"双反"？因为这是一个很好的产业，他们想自己做，不让别人干。尤其是不愿让中国这样具有良好产业基础、有可能超越他们的国家来干这个产业。美国也好，德国也好，他们对本国光伏产业的扶持力度是巨大的，特别是德国通过立法支持太阳能产业的发展，这种扶持主要体现在两个方面：一是大规模的研发资金补贴，二是大幅度的电价收购补贴与退税政策。和他们相比，我们国家在培育光伏产业链整体核心技术的创新政策和补贴力度方面，还有待进一步完善和加强。

他认为，一个产业的发展，尤其是战略性新兴产业的发展，初期是离不开国家应用等政策扶持的。就像一个人，婴儿的时候是必须给他喂奶的，不给他奶吃或者过早断奶，他是不能健康成长的。当然，光伏产业实现健康可持续发展，根本还是靠技术创新提高发电效率，通过规模降低成本达到上网等价点。正是政府政策的支持、鼓励，尚德抓住了机遇、得到了快速发展，成为中国光伏行业第一家在美国上市的企业，企来负责人施正荣先生一时也成为新产业、新技术创新致富的楷模。

导致尚德的破产也许有政府某些方面原因，但主要问题还是出在自己身上。施正荣是一名海归科学家，面对当时市场需求旺盛的快速扩张，硅料价格畸高"拥硅为王"的时候，受资本市场牵制，许多巨额投资项目亏损。在美国"双反"、欧债危机深化、产能严重过剩、市场供需急剧变化等跌宕起伏的过程中，虽然其做了许多改变经营方式的探索，终究因缺乏制造企业经营管理经验，失去许多调整的机会。

南存辉讲到自己的经历，那是十多年前，多家银行总共给正泰授信

200 多亿元。他有点受宠若惊，就问银行的朋友："这么多钱我拿去做什么呢？"银行朋友说："如果没有项目，去搞房地产啊！"他又问："如果亏了，这钱要不要还呢？"对方答："当然要还了。"冷静下来想想，做什么都需要投入大量的精力，自己不熟悉房地产业，电器主业也容不得他分心，就没有去贷款。"我是从修皮鞋这样的小买卖做起来的，知道自己的能耐有多大，更知道维护企业信誉的重要性。不是我发的财，我就不去贪这个心了。"

南存辉说，光伏组件生产属于制造业，制造企业的发展总是有个积累的过程，需要一步一步夯实基础。"我们在电气产业上，做了近三十年才做到年销售额二三百亿，二三万名员工。而尚德仅用几年时间就发展到二三百亿，二三万人。速度太快了，肯定存在许多非理性的因素，这是蛮可怕的。所以，面对一个蓬勃发展的新兴产业，做企业特别是做制造型企业一定要有'一颗火热的心，一个冷静的头脑'。不管外部环境怎么变化，自己的内心一定要平静。要做成一件伟大的事业，主要是三个字：平常心！"

"一个新的产业总是要经过大浪淘沙才会走向成熟的。无论怎么说，施正荣都是个值得尊重的探索者。"南存辉觉得，当地政府同意让尚德破产而不是让它硬撑，可能是无奈的但也是明智的选择。破产保护制度的推行，说明我们国家的法律越来越健全，制度越来越规范。企业破产了，施正荣的日常生活却没受到太大影响，最多是名誉上受点损失。如果他努力，也许还会有东山再起的机会。

"这样，一个尚德倒下来，会有无数个尚德站起来！"南存辉说。所以，他认为，破产是一种社会进步，不值得大惊小怪。

做文章不是我们的目的，我们的目的是要通过做文章，逼着自己去认真思考一些问题，明确我们的发展思路，研究我们的工作方法。

"做文章" 不亚于做企业

作为一个知名企业家，南存辉常被邀请到一些论坛上演讲，更需要在内部许多会议上作"重要讲话"。因此，免不了要经常"做文章"。

南存辉"做文章"的劲头，丝毫不亚于他做企业。有例为证：

中国刚刚"入世"那阵，民营企业如何应对全球化挑战成为人们普遍关注的话题。南存辉应邀在一个论坛上作演讲，题目是"'入世'后民营企业大有作为"，南存辉反复琢磨，一次次推倒重来。最后成稿的文章开宗明义指出：中国入世，打开了市场准入的大门。抓住机遇，迎难而上，民营企业必将大有作为。

接下来，文章分析了民营企业的优劣势。认为民营企业应对入世，当务之急是要转变观念，抓紧学习、熟悉 WTO 规则，树立专利保护意识和法制意识，加快技术创新、机制创新、管理创新步伐，增强企业活力，打造具有国际竞争能力的品牌产品，培育核心竞争力。同时，要抓住机遇，在实施"走出去"战略中，建立专业队伍，加大"外向"发展力度。并具体提出了几支专业队伍的要求，即：建立一支懂规则、知法律的律师服务队伍；建立一支懂外贸、精营销的贸易服务队伍；建立一支懂推广、会宣传的促销服务队伍；建立一支懂技术、能经营的专家服务队伍；建立一支懂公关、善协调的外交服务队伍。他的演讲有条有理，有思想有方法，受到了与会者的好评。

同样的话题，还有一篇《面对经济全球化的中国民营企业》的文章，那是南存辉2004年9月20日上午在北京举行的一次中德论坛上的演讲。他在这次论坛上提出了民营企业要努力实现"三个转变"的重要观点：一是要从传统制造业和商贸业向高附加值的先进制造业和新兴服务业转变。要以信息化为代表的高新技术嫁接传统产业，走出一条引进技术与自主创新相结合、低投入、高产出、少排污、可循环的新型工业化道路；二是要从主要依靠国内资源、国内市场向同时利用国内国际两种资源、两个市场转变。实施"请进来，走出去"的战略，促进小规模、低水平的区域性企业向规模化、跨国型企业发展，走出一条积极参与全球分工与合作的国际化道路；三是要从依靠先发性机制的比较优势，向主要依靠制度创新、科技创新和管理创新的核心优势转变。以高瞻远瞩的慧眼，用中国特色的创新，独辟蹊径，融入全球化的经济大潮，走出一条学习型组织、知识型员工的中国式的基业长青之路。

南存辉为准备这次论坛讲稿，"煎熬"了两个星期，最后两天几乎可说是夜以继日。直到开讲前半个小时，他还在和助手紧张地修订演讲

PPT。组委会安排给他的发言时间是 10 分钟，他用了 9 分 8 秒。"没超过时间，正好！"他为此感到欣喜。

最让人不可思议的是，很多时候，讲稿准备得辛辛苦苦，但到临时，他却将精心准备的稿子搁置一边，脱稿发言，而且发言的内容大多和稿子大相径庭。如在一次由浙江省发改委、经信委等单位主办的"入世后政府如何扮演好自己的角色"座谈会上的发言。南存辉连夜准备讲稿。为赶上会议，早上 6 点多就赶紧去找下榻宾馆的商务中心打印文稿。可到了会上，南存辉把稿子交到会务组，自己却说起了"大白话"。

"我准备了一份书面发言，交给会议做参考，现在我就结合自己的体会谈点认识……"南存辉的发言内容完全跳出了书面发言的范围。

南存辉为什么乐此不疲地在"做文章"上"折腾"？他的解释是，平时都很忙，没时间学习，而写文章，是很好的学习机会。更重要的是，通过写文章，查阅一些资料，借机研究一下国家的政策和行业形势，这对办好企业大有好处。

他的这种观点，在为"全国知名民营企业家重庆行"活动准备讲稿的过程中表述得更为清楚。那次活动中有个以民营企业转型升级为主题的恳谈会，在准备发言稿的过程中，南存辉叮嘱工作人员，认真研究重庆的区位优势和政策优势，特别是"两江新区"的建立对正泰这样的民营企业会带来什么样的发展机会，然后有意识地在文章中提出我们自己的想法，为重庆的发展建言献策。

"做文章不是我们的目的，我们的目的是通过做文章，逼着自己去认真思考一些问题，明确我们的发展思路，研究我们的工作方法。一句话，就是为了更好地做事情，做更好的事情！"

　　南存辉说，这既是为社会尽责，也是自身企业发展的需要。

新的历史时期浙江经济的发展方向，关键在于提升整体素质，转变发展方式，促进新的转型，实现新的跨越。

浙商向何处去

"浙商"这一具有世界影响力的中国现代商人群体，在中国市场经济进程中体现了强大的力量，发挥了"先行者"的作用。

然而，随着国内外经济形势和发展环境的变化，浙商的先发优势逐渐弱化，发展瓶颈逐渐凸显。曾经一度辉煌的"浙商"，面临着严峻的挑战和新的考验。

有人惊呼：浙商过去30年的成长成功模式，已到了难以为继、非改不可的地步！

"下一个30年，浙商该如何转型，寻找到新的发展模式，使之继续保持竞争优势？"这样的问题，困扰决策人士，也困扰着广大"浙商"。

在这样的背景下举行的"2008浙商论坛暨创业与投资博览会"，对浙商成长新模式的探讨成为论坛的热点。

　　包括南存辉在内的 10 位著名浙商、5 位著名经济学家的意见引起了人们的关注。

　　南存辉说，"浙商"要站在新的高度，把自己放到全球化的背景下，用世界眼光、国际视野、现代思维来进行思考，找到新的历史时期浙江经济的发展方向。

　　就当前的情况看，他认为关键在于提升整体素质、转变发展方式、促进新的转型、实现新的跨越。

　　"首先是要提升经营理念，实现由'创富'向'创业'的转型。"南存辉认为，在创业初期，强烈的致富欲望曾是"浙商"的巨大动力。浙商走南闯北，以精明的经济头脑，敏锐的市场洞察能力，善抓商机，迅速致富，成为中国当之无愧的"创富集团"之一。在新的形势下，"浙商"要加快经营理念的提升，在继承和发扬优良传统的基础上，努力拓宽思路，树立资本经营意识，掌握现代经营管理技能，推动商业资本与产业资本相促进、实业经营与资本经营相结合，实现由"创富"向"创业"的转型。

　　其次是要提升创新能力，实现由"制造"向"创造"的转型。多数"浙商"以家庭作坊起步，依托机制优势，数量众多的中小企业成就了浙江"制造大省"的地位。但由于自主创新能力的建设和培育投入不足，在新的形势下，单靠低价格、低附加值的低水平制造业逐渐丧失市场竞争力，面临被淘汰的危险。所以，当务之急是要坚持自主创新，在引进消化吸收再创新的基础上积极开展集成创新和原始创新。用信息化等技术嫁接传统产业，构建国际化的研发体系和机制，不断提升产品的科技含量。要有品牌意识和知识产权保护意识，努力培育企业的核心竞争能力。

同时，调整、优化产业结构，推动传统制造业向节能、环保型等产业发展，并积极发展金融、保险、物流等现代服务业，使其在全球生产体系中处于价值链的高端，掌握新一轮的竞争主动权，实现由"制造"向"创造"的转型。

第三是要提升管理水平，实现由"本土性企业"向"世界性企业"的转型。"浙商"以敢为人先、团队协同、诚信明礼等风格和特色，创造了辉煌的历史，并在改革开放的大潮中独树一帜，受到世人的瞩目。在经济全球化的背景下，实现可持续发展，需要进一步推进产权制度改革和激励机制的创新，推动"人治"到"法治"的转变，建立科学的人才评价体制，构建创新创业平台，变家族企业为企业家族。同时，要积极实施"走出去"战略，参与国际分工与合作，整合全球资源，有效化解"瓶颈"制约，实现由"本土性企业"向"世界性企业"的转型。

最后是要提升人文素质，实现由"富商"向"儒商"的转型。发展初期，一批从田埂上走出来的"浙商"，文化水平普遍不高，但靠"白天当老板，晚上睡地板，平时盯黑板"的精神和敢为天下先的胆识，敢试敢闯，抢抓机遇，埋头苦干，获得了成功。在"知识经济"的今天，要攀登新的事业高峰，再领时代风骚，促进又好又快发展，只有加强学习，提高自身的人文素质，做"有理想，有道德、有文化、有责任"的当代"浙商"，胸怀祖国，放眼全球，打造独具个性的"浙商"文化，在构建和谐社会中，实现由"富商"向"儒商"的转型。

南存辉特别强调了政府在"浙商"转型中的重要作用。他认为政府及职能部门应该按照科学发展观的要求，进一步解放思想，有所为有所不为，引导企业转变发展方式，走以人为本，全面、协调、可持续发展的道路。要适时出台导向性的产业与投资政策，创新服务体制机制，简化审批流程，提高办事效率，加大对先进制造业和现代服务业的扶持力度，不断优化发展和创业创新环境。

发达国家的传统制造业将加快向发展中国家转移，特别是向具有巨大容纳空间的中国转移。浙商作为中国民营企业的领军队伍，是最有能力最有条件承接这些工程和项目的。

浙商新机遇

欧债危机、人民币升值、能源要素和劳动力成本上升、融资难度加大……

重重压力，四面来袭。

浙江商人的挑战在哪里，机会在哪里？南存辉在接受浙江媒体采访时，谈到了自己的看法。

他说，当前形势虽然严峻，但浙商面临的机会仍然很多。

比如，世界产业转移的机会。发达国家的传统制造业将加快向发展中国家转移，特别是向具有巨大容纳空间的中国转移。浙商作为中国民营企业的领军队伍，是最有能力最有条件承接这些工程和项目的。面临着来自海外的巨大市场，应该充分利用浙江省内人才、资源、政策等优势，努力提升自身能力，夯实基础，时刻为承接世界产业转移做好准备。

又如，"走出去"发展的机会。近年来，中国积极实施"走出去"战略，众多浙商走出浙江、走向世界，获得了巨大的成功。而今，面对国外不确定的经济形势，"走出去"的步伐不应放慢，更不应止步，而应该坚定走出去的决心，审时度势，在危机中抓住机遇，实现跨越式发展。

再如，资源整合的机会。在危机时刻，越显示出"抱团"发展的重要性。浙商应充分发挥民营企业机制灵活的优势，积极开展与优秀跨国公司、高新技术企业、大专院校以及科研机构的合作，学习先进技术、管理和经营理念，实现共赢发展。有条件的浙商应抓住机会，积极开展并购重组，做优做好传统产业，大力发展现代服务业，做强做赢战略性新兴产业，提升综合竞争能力。

南存辉坦言，企业创新能力不足，缺乏核心竞争力，这是目前浙商需要面对的挑战。具体体现为"三低一少"，即：低科技含量、低端市场、低附加值，自主创新品牌少。

由于"先天发育"不良，许多民营企业缺少技术创新、管理创新和制度创新的意识，对知识产权建设不够重视，企业发展观念落后等问题在危机中越发凸显。当较大的海外项目转移过来时，民营企业没有能力承接；当面临巨大的海外商机时，企业又往往不能有效地整合内部资源，发挥产品技术优势，打开国际市场。这些都是广大浙商不可回避的问题。

有机遇，也有挑战。南存辉说，在当前情况下，一方面需要企业有勇气面对现实，敢于迎难而上；一方面需要各级党政领导、部门倾力扶持，有效推动。

他相信："道路是曲折的，前途是光明的。"

中国厂商可以通过新建独资企业或与当地企业合资合作等方式建立在德国的业务实体，充分利用当地在科研、技术、工业设计、产业标准、质量认证、职业培训及技术员工等方面的优势，建立面向全欧洲、中东、非洲乃至全球市场的经营主体。

中德合作"三部曲"

国际贸易、产业链接、双向投资。这是南存辉在参加第四届中德论坛时，就如何加强中德中小企业合作提出的几点看法。

"开宝马，坐奔驰"，曾是中国社会上一句流行语，形象地表述了富裕起来的中国人对高档汽车的最初认识，也直观地反映了中国消费者对德国制造的高档工业品和消费品的高度认可。

南存辉说，中德两国经济技术的互补性强。中国经济的快速发展将继续成为推动区域乃至全球经济发展的重要动力，这是包括德国在内的各国企业的历史性机遇。在这样的历史条件下，中德中小企业合作的前景是显而易见的。主要表现在三个方面：

一是国际贸易。贸易合作已经成为中德两国关系的重要组成部分，也是两国经济健康发展的推动因素。在中国重化工业、轨道交通、先进制造业、节能减排、新能源、水处理和环保等产业的发展过程中，德国中小企业生产的机械设备、电力电子、精密仪表、自动化装置和新材料等高技术产品具有广阔的应用市场；而中国中小企业在付出巨大资源与人力代价基础上生产的各种高性价比的工业品与消费品，将继续成为德国民众高福利生活的重要基础。

中德要在继续保持双边贸易的同时，稳步提升双边贸易的深度，扩大双边贸易的宽度，提高交易频率和交易额，增加技术与服务在双边贸易中所占的比重。

二是产业衔接。中德两国中小型制造企业的比较优势具有明显的差异性和互补性，具体表现在，德国中小企业产品的优势为领先技术、专业设计、高品质、工艺精湛及可靠耐用，在专业应用领域具有很强的竞争力。而中国中小企业的产品则以适用性、通用性及高性价比取胜，主要定位于大批量的经济型市场。在经济全球化时代，两国中小型制造企业不同的产业优势是可以互相衔接、互为补充的。两国中小企业之间要加强产业内的分工与协作，围绕各自的比较优势，建立互补共赢的产业合作模式。如果德国的技术研发、工业设计、生产工艺及质量管理体系，结合中国良好的产业基础及优质廉价的人力资源，可以形成全球性的制造业竞争优势，并成为推动世界经济发展的积极力量。

中国的中小企业则要积极开拓视野，创新国际业务方式，改变以往原料从国外进口、生产加工在国内、产品销往国外的"孤岛化工厂"模式，积极走出去设立研发机构与生产基地，主动实现与国外企业尤其是与德国中小企业的产业衔接，共谋互利发展。

三是双向投资。中国近代工业的建立与发展，曾在较大程度上借鉴了欧洲特别是德国的工业化经验，这使得中德两国经济在产业结构、经营理念等方面具备一定的互通性，由此为两国企业、包括中小企业在资本层面合作提供了很大空间。

当前，德国企业的对华投资热情持续高涨。德国企业对华投资优化了其产业的区域布局，中国也成为诸多德国企业最具营利性、增长最快的区域市场。中国厂商可以通过新建独资企业或与当地企业合资合作等方式建立在德国的业务实体，充分利用当地在科研、技术、工业设计、产业标准、质量认证、职业培训及技术员工等方面的优势，建立面向全欧洲、中东、非洲乃至全球市场的经营主体。

既是在中德对话论坛上的发言，自然是针对中德两国企业的。但就南存辉所表达的观点来看，其可操作性大体适合于与其他国家企业的合作。相对于动辄接受外国企业兼并、控股的"合作"方式，可能更具现实意义。

在美国，通常一个太阳能光伏项目落地，要盖 100
多个印章。我们在加利福尼亚州建设的一个太阳
能光伏电站，从立项到建成，足足花了两年时间。

华盛顿的"午餐会"

2011 年 5 月 10 日，美国华盛顿。一场午餐会，吸引了全世界关注的目光。

午餐会在最高规格的布莱尔国宾馆举行。舒缓的音乐，考究的场景，将宴会气氛渲染得轻松而热烈。

这是为期两天的第三轮中美战略与经济对话的一项重要活动。出席午餐会的主角是参加这次中美对话的两国元首代表、时任中国国务院副总理王岐山、国务委员戴秉国与美国国务卿希拉里、财政部长盖特纳，以及时任中国商务部长陈德铭、美国商务部长骆家辉。受邀参与午餐会的中美企业家共 12 名，中方为正泰集团股份有限公司董事长南存辉、中信集团董事长常振明等，美方为可口可乐集团董事长兼 CEO 穆泰康、花旗集团 CEO 潘迪特等。这都是些业务涉及两国经贸交往的大牌企业主，这次午

餐会便是以一种特别的形式，让他们接受两国领导的接见，并通过这样的方式，让他们向两国政府表达自己的诉求。

午餐会上，双方官员和企业家同桌进餐。两国领导分别致辞后，是双方企业家代表发言。

轮到南存辉时，他作了一番热情洋溢的演讲——

我叫南存辉，是中国正泰集团的董事长。

我们旗下的正泰电器是一家在上海 A 股上市的民营企业。集团从事全球领先的太阳能光伏组件生产与新能源电站建设、智能电网配套产品的生产与高端装备制造。

到目前为止，我们已先后在美国得克萨斯州、伊利诺伊州、加利福尼亚州和佛罗里达州分别设立和建立了 2 个研发机构、2 个销售公司和 2 个太阳能光伏电站。我们还计划在美国投资建设太阳能光伏制造工厂、智能电气产业园和太阳能光伏电站。如果该计划得以实施的话，将会带来上千个就业机会。

美国的很多地区，具有极其丰富的太阳能资源，大力开发应用太阳能光伏资源，意义重大。

相比中国、德国，美国在太阳能光伏领域的研发是领先的，但市场应用是落后的，太阳能发电量还不到德国的 10%。以 2010 年为例，德国太阳能光伏装机容量 8.7GW，美国 800MW。累计装机容量，德国 16.5GW，美国 2.4GW。根本原因是美国的政策支持力度不够。这主要表现在：没有明确的上网电价；太阳能电站投资盈利模式设计非常复杂，而且各州、各地、各电力公司及不同项目的政策都不一样；政府的审批手续也很烦琐。通常一个项目落地，要盖 100 多个印章。我们在加利福尼亚州建设的一个太阳能光伏电站，从立项到建成，足足花了两年时间。而且，由于联邦政府采取税收抵扣的办法，规定只有美国本地的盈利企业才能拿到优惠，这对在美投资的外国企业存在政策性障碍和不公平待遇。

据此，希望美国政府鼓励中美企业间的技术交流与合作，促进美国先进技术与中国制造优势相结合，在全球太阳能光伏领域继续起到领头雁的作用。最为迫切的是，要简化项目投资程序，加大太阳能光伏应用的政策支持力度，为中美两国乃至全世界经济社会的可持续发展做出贡献。

南存辉在演讲中引述了当天的一则报道："世界自然基金会的一份报告显示，中国在清洁能源技术领域的增长速度快于其他任何一个国家，每年产出增长 77%，收入达 640 多亿美元，居世界第一。"这让在场的中国领导人和企业家非常振奋。

宴会结束后，王岐山和南存辉亲切握手，称赞他说："你今天讲得很好，我觉得你们几位都很棒！"

中国出口美国的太阳能组件不过 20 多亿美元，却被美方有关部门指责为"倾销"，由此对中国数十家企业提起"双反"调查，对涉案企业征收数额惊人的所谓惩罚性关税。这在对中国企业造成伤害的同时，也对美国企业和美国经济造成巨大伤害，是一种损人不利己的做法。

骆家辉的关切

"我们这次是第三次和骆家辉接触。"南存辉说。

骆家辉时任美国驻华大使。南存辉说的第三次接触，是指 2011 年 12 月 12 日，应纽约证券交易所北京代表处之邀，参与了骆家辉召集的一次座谈会。

而在此前，也就是骆家辉担任美国商务部长期间，骆家辉与正泰负责人有过两次接触。一次是 2009 年 10 月 30 日，在杭州出席第 20 届美中商贸联委会议的骆家辉会晤了正泰部分高管，听取了有关正泰太阳能的发展情况。那天南存辉不在场，但骆家辉对他的创业经历以及投身新能源的作为赞赏有加，临别时盛情邀请："欢迎你们到美国来投资！"另一次是 2011 年 5 月 10 日，南存辉等随时任国务院副总理王岐山出席第三轮中美战略与经济对话会，参加了这天中午在华盛顿布莱尔国宾馆举行的"午餐会"，美方代表中就有商务部长骆家辉，他们交谈甚欢，还单独合影留念。

"没想到这么快又见面了！"南存辉回忆说，那天，纽交所北京代表处邀请了一批在该所上市和有可能在该所上市的中国企业家座谈，他就坐在离骆家辉不远的地方。双方见面，热情地打着招呼。

会上，骆家辉介绍了美国经济发展情况。纽交所北京代表处负责人介绍了该所情况，并欢迎中国企业到美国上市。与会企业家则主要谈了中国企业在美投资和上市中遇到的问题。骆家辉一一作了解答。

轮到南存辉发言的时候，他说，正泰各产业在美国的投资逐年增加，现已在南北加利福尼亚州、宾夕法尼亚州、得克萨斯州、伊利诺伊州和佛罗里达州等地先后建立了2家销售公司、2个研发机构、4个光伏电站，给美国解决了上千人的就业，明年还计划在美国择地办厂，"正泰对美国是有贡献的"。

南存辉进而谈到，2010年美国出口中国的各种太阳能设备、材料，金额达50亿美元，中国出口美国的太阳能组件不过20多亿美元，却被美方有关部门指责为"倾销"，由此对中国数十家企业提起"双反"调查，对涉案企业征收数额惊人的所谓惩罚性关税。这在对中国企业造成伤害的同时，也对美国企业和美国经济造成巨大伤害，是一种损人不利己的做法。

他认为，美国政府对太阳能产业非常重视，而且技术研发世界领先，中国则具有制造成本低和劳动力资源丰富的优势，双方加强合作，优势互补，实现双赢，才是正道，才是对两国产业和经济发展的有力推动。

骆家辉听后说："你能不能给我提供一份书面材料，由我转交给美国政府？"

南存辉爽快答应。

不过，骆家辉的"关切"并未解决实际问题。美国针对中国光伏生产企业的"双反"措施在业界卷起了层层巨浪，给中国光伏产业带来了沉重打击。

当前，包括浙江在内的东部省份，经济社会发展正处在转型升级、爬坡过坎的"换挡"期。非公企业主要表现有"春笋型""休克鱼型""水煮青蛙型"三种类型。

为非公企业"画像"

2014 年 3 月 19 日上午，上海衡山宾馆。

南存辉出席非公有制企业座谈会。与来自沪、浙、苏等省的非公经济人士代表，围绕"如何看待当前非公有制企业发展中的新情况、新问题"等，进行了热烈的讨论。

"当前，包括浙江在内的东部省份，经济社会发展正处在转型升级、爬坡过坎的'换挡'期。非公企业主要表现有'春笋型、休克鱼型、水煮青蛙型'三种类型。"南存辉开宗名义，给非公有制企业"画像"。

他说："水煮青蛙"型，大多属于产品科技含量低，生产方式粗放的企业。这类企业对环境污染影响较大，在习惯与现状中感觉麻木，如同温水中的青蛙，不思变化、不愿变化、无力变化。也有一些不顾自身实际跟风"转型"的企业，被地方政府激励，盲目扩张，最终导致消亡。在全球经济危机深化，生产要素成本上升，市场需求变化，竞争加剧的宏观经济背景下，面对科技创新与节能环保要求的不断提高，这类企业无力回天，面临淘汰。针对这类企业，政府要有壮士断腕的决心，让市场决定其生死。

"休克鱼"型，指的是，处于产业链低端的一般贸易加工企业，有订单无利润，想转型有风险，搞创新欠能力，多数企业"弃实向虚"，又遭遇金融政策变化、现金流断裂的窘境，经营出现重重困难，面临"休克"状态。另有一些企业，看上去经营状况不错，现金流不错，小富即安，没有思变的想法，缺乏危机感，盲目乐观，企业内部认为要守住老本，不愿冒险，求稳不求变。对这类企业，拉一把则生，不管它难活，应该给予有力的"救治"。比如，发挥龙头企业作用，通过并购重组等合作方式，以大带小，促进转型升级，特别是要促进企业体制机制的创新，形成产业链竞争优势。政府应本着"放水养鱼"的原则，鼓励企业并购重组，让一些濒临倒闭的企业重新焕发生机。而当下最迫切的是修改相关税法条款，只要原有土地等资产的性质功能不发生改变，就不应该收缴税费。如土地资产的性质功能发生了改变，再收缴税费，等等。

"春笋"型，是指近年来凭借机制优势，在创新中转型，在升级中发展，从而出现的一批优秀企业，尤其是那些适应云计算、大数据、移动互联网时代特征的新兴企业。它们如雨后春笋，成为经济社会转型发展的生力军。但是现行的政策体制，还没有完全激发企业的创新活力。这类"春笋"型企业，急需政府的"阳光雨露"。建议国家在财税、投融资、技术创新、知识产权、人才、市场环境培育、重点领域和关键环境改革等方面对创新型企业给予大力扶持与支持，培育创新型企业发展壮大。

　　谈到当前非公经济人士的思想困扰，南存辉也概括了三种情形。一是"信还是不信"。中央统战部和全国工商联在非公经济人士中开展以"四信"为主题的理想信念教育，这是好事。但在现实生活中，确有许多让非公经济人士难以置信的现象，直接影响这个群体的思想状态。二是"走还是不走"。非公经济人士移民倾向的确引人关注，但大多数人认为"走还是不走"，还是取决于是否建立起公平的法制环境、平等的政策服务、同等的发展平台等。三是"投还是不投"。大富不安的心结、"三门"现象的困扰、法制环境的无奈、选择性执法的担忧……导致很多人创业激情消退，不少企业家在是否继续扩大投资中徘徊。

　　几种类型，比喻生动形象；不同对策，可谓对症下药。南存辉就相关情况和大家进行深入探讨，会议气氛轻松、热烈。

> 当前国内外经济形势发生了巨大变化，国际市场的竞争已不再是单个产品的竞争，而是整体产业链的竞争。

多些"隐形冠军"

"大约五年前，乐清市政府在柳市召开了一次电器行业的会议。当时我说，乐清的企业在转型升级过程中遇到了暂时的困难，但做得好的企业也不少，大家可以向两个企业家学习。一个是向胡成中学习，他那年刚好把企业部分股权转让给施耐德。企业做强了可以收购别人，做大了可以被别人收购，给谁都没关系，做强、做好了待价而沽，通过整合、合作，换一种发展方式，也是很好的。二是向王达武学习，当年他的福达合金材料公司销售额做到了三个亿，他走专业化之路，就做一个银触头，开创了一片新天地。"

这是在2014年正泰集团供方大会上，南存辉有感而发。

参加当天会议的是来自省内外的近500家供方代表，其中的50人分别获得了正泰集团2013年供方绩效卓越奖、供方技术创新优秀奖、供方质量管理优秀奖、供方生产管理优秀奖。他们中有和正泰同龄，合作30年的，有合作20多年的，有10年以上、5年以上的，也有在近年正泰招投标制度改革中脱颖而出的，凭着优质产品和服务成为正泰合作单位的。南存辉都把他们视为同舟共济的"正泰人"，和大家进行了推心置腹的交谈。

南存辉说，当前国内外经济形势发生了巨大变化，国际市场的竞争已不再是单个产品的竞争，而是整体产业链的竞争。他不主张所有企业都去做大而全的"巨无霸"，而是主张他们努力去做小而精的"隐形冠军"。在大企业的产业集群中找准自己的定位，专做配套，做精做好，同样具有广阔的发展空间。在座的供方企业，有的就是靠给正泰做配套，做成了上市公司，这不挺好吗？

他重申正泰"以大带小，实现共赢"的理念，并把帮扶的重点放在供方产品质量的提升上。本着这样的理念，他向供方企业提出了三个方面的要求：一是注重品质和技术的提升。强化内部质量管理，提高实物质量的可靠性与一致性，提升产品综合合格率和批次合格率，积极配合新品研发与产品优化设计的配套工作，切实做好技术与工艺改进。同时，以浙江省委、省政府提出的"机器换人"为契机，加大技术改革力度，不断提升装备自动化、智能化水平；二是提升响应能力，加快交货速度。大力推广应用精益生产方式，提高柔性生产水平，提升快速响应能力。要"跟得上正泰的脚步，达得到正泰的要求"；三是要加强成本管控，强化团队培养。希望供方企业从加强专业队伍的培养入手，强化成本管控意识，建立从工艺改进、流程优化、原材料采购与制造过程的系统成本管控机制，有效控制综合成本。同时强调，"成本降低绝不能以牺牲质量为代价！""只有质量好，同时成本低，才有竞争力！"

在当天的会议上，南存辉一如往常，在祝愿供方企业"发财、发大财"的同时，不忘提醒大家注重身体健康。他以微信上看到的一副对联作为结尾：

上联：爱妻爱子爱家庭，不爱身体等于零

下联：有钱有权有成功，没有健康一场空

横批：健康无价

簡政放权是激发市场主体活力，应对经济增长下行压力的重要之策。

"一公里"的逻辑

　　"一公里"在通常所说的地理空间上，很容易理解，也很容易感知。但在涉及简政放权等政治场景中，又是什么样的概念呢？在 2014 年 8 月 25 日召开的全国政协常委会上，南存辉说了一番意味深长的话。"简政放权是激发市场主体活力，应对经济增长下行压力的重要之策。近两年来，国务院先后多次分批取消和下放 400 多项行政审批事项。但许多政策措施并未真正落实到位，'最先一公里'和'最后一公里'的问题仍较为突出。"南存辉说，"最先一公里"的问题主要体现在：简政放权仍不到位。政府部门行政许可与非行政许可审批事项依然很多，目前国家部委仅关于经济增长和促进就业的审批事项仍高达 700 多项。放小不放大、放虚不放实、含金量不高的问题仍普遍存在。在简政放权过程中，存在着不系统、不协调、不同步等问题。有些项目部门之间、不同层级政府之间相互掣肘，你放我不放、上放下不放，缺少系统性和配套措施；有些审批互为前置，部门之间互相推诿，使项目陷入死循环；有些法规、政策制定和修改不及时，旧政策已破、新政策未立，大政策已出、小政策未立的现象依然较多。

"最后一公里"的问题主要体现在：政策措施落实存在"中梗阻"。中央、国务院出台的政策措施在贯彻落实中被层层过滤，滤一次就减少许多，真正能落实到民营企业的已是少之又少了。某些处于执行层的工作人员懒政现象严重，不作为、迟作为甚至乱作为，过去是不给好处不办事，现在是不吃不要不办事。中介机构服务混乱直接影响简政放权效果。许多中介机构是政府审批部门指定的，存在一定的利益输送，企业没有选择权；有的中介服务耗时较长，没有明确时限要求，严重影响审批进度；有的中介机构收费偏高，动辄几十万元，"盖章收费"现象比较普遍；有些中介机构工作人员素质不高、办事态度不好、办事效率不高。基层承接行政审批的能力有待提高。有的部门人员跟不上行业发展节奏，对新兴业态不知如何审批；有的跟不上权限下放的要求，基层部门工作人员的素质和能力明显不足，有些县级部门人手只有 1～2 个，对于专业性较强的行业和领域难以顺利承接审批职能，民营企业虽然"路少跑了，但事情更不好办了"。

在历数影响"两个一公里"贯通的诸多原因后，他认为，如果不能切实有效解决这些问题，势必影响民营企业的投资自主权，束缚民间资本的发展活力。为此，他向大会提出了三条对民营企业的"松绑"之策。

一是要继续深化行政审批制度改革，进一步加大简政放权力度。全面梳理审批设立的依据和必要性，尽可能多地取消核准；加快全面取消非行政许可审批事项步伐，杜绝违规转入内部审批，最大限度地给民营企业"松绑"。

二是要进一步加强简政放权的系统性、协调性、同步性。努力防止和避免"上动下不动，想动也难动；下动上不动，越动越被动"的现象。按照系统性、同步性、协调性的原则，从顶层设计入手，上下联动，取消缩减核准范围和核准权限，同步下放审批备案事宜；尽量减少前置审批内容。要通过培训，提高市、县级政府的行政审批下放后的承接能力。

三是要全面深入开展中介服务的清理和整顿。进一步加强对中介机构的管理和监督力度，使其成为落实企业投资自主权的推动力，而不是障碍。中介机构要引入市场竞争，由企业在市场中自主选择。要依法规范中介机构市场经营活动和中介服务行为，从制度上防止出现权力寻租和隐性审批现象。要定期对市场中介机构进行审计，并向社会公布收费情况，对垄断性中介服务、政府购买或指定的中介服务机构，探索推行限时、限价服务。

中小企业减负，一是进一步深化能源体制改革，降低企业用电成本；二是进一步深化企业税费改革，降低企业用工成本；三是进一步深化金融制度改革，降低企业融资成本。

民企的"包袱"为何那么重？

"国务院副总理马凯在第十二届全国人大常委会第十二次会议上回答委员询问时表示企业'五险一金'已占工资总额的40% ~ 50%，这从侧面揭示了中小企业负担为什么这么重。"

在2015年2月26日召开的浙江省民营企业家座谈会上，南存辉的发言开宗明义。

这次会议的主题是"减负"。南存辉的发言围绕三个方面展开。

一是进一步深化能源体制改革，降低企业用电成本。截止到2014年9月底，美国工业用电价格为6.95美分/度（折合人民币约0.47元/度）。浙江省根据企业用电量不同，工业电价区间为0.65 ~ 0.91元/度。因此，浙江应抓住国家深化电力体制改革的机遇，推进大用户用电直购试点。通过市场机制，让发、用电企业直接交易，加上电网企业适当地降低输配电价格，可以在一定程度上降低用电企业成本，增加企业竞争能力。同时，有利于促进发电侧和售电侧的竞争，形成多买方多卖方市场结构，助推风能、水能、核能、太阳能等清洁能源的推广应用，优化能源结构。

二是进一步深化企业税费改革，降低企业成本。据省工商联的专项调研，感到税负明显加重的企业占23.3%，认为有所加重的企业占50%，和过去基本一样的占16.7%，即约九成企业认为税费负担没有减轻，七成以上企业认为税费负担加重。在中小微企业遇到的主要困难中，排名前三的分别是原材料成本上涨、用工成本增加、市场需求萎缩。有八成多（85.4%）的受监测中小微企业表示职工工资成本在增长，其中，表示增长幅度为10%～30%、30%～50%的企业分别占比46.7%、6%。南存辉认为，中小制造业仍是全省工业企业的主体，在当前国际宏观经济下行的背景下，中小微企业利润微薄，因而客观上感受到税费负担沉重。因此，减轻税负是保护民间投资积极性最直接的措施。政府要加快推进结构性减税改革，从制度上、从根本上来减轻小微企业的负担，为企业发展营造相对宽松的税收环境。对涉及小微企业的行政性收费项目，建议一律取消或减半收取。要降低企业"五险一金"缴付比例，降低企业用工成本。

三是进一步深化金融制度改革，降低企业融资成本。金融结构不合理导致企业融资成本上涨，是企业扩大投资的主要负担之一。民营企业过高的融资成本挤压了实体经济的利润，也使经济发展蕴藏着巨大的风险。据调查，中小企业能够从银行等主流金融机构获得贷款的比例仅占10%左右，80%以上的中小企业依靠民间借贷生存。企业反映，目前银行融资年利息综合成本达到12%～15%。浙江省工商联中小微企业监测数据显

示，有四成多（42.7%）的小微企业表示企业融资成本在增长，其中，有
23.3% 的企业表示增长幅度为 10% ~ 30%。这说明小微企业一方面在正
规金融体制内受到银行高成本的利息盘剥。另一方面，更多的小微企业在
饱受银行的"白眼"后不得不纷纷转向民间借贷，民间借贷年利息成本大
约在 20% ~ 40% 之间，甚至更高。这种靠正规金融渠道不行、不靠正规
金融渠道也不行的扭曲的金融制度，使得众多企业沦为银行的"打工者"，
受着民间高利贷的困扰，过高的融资成本抽走了企业有限的利润，打压了
小微企业发展的信心。通过金融制度改革使民间借贷从"地下"无序增长
转向"地上"理性发展，实现实体经济与金融体制的良性互动，让金融回
归为实体经济服务的功能，已刻不容缓。

南存辉进而给出以下建议。

要大力发展与民营中小企业相匹配的中小金融机构，继续加大民营银
行试点，增加其数量和资本规模，从金融供给上改变金融市场结构，从而
推动金融市场服务优化，降低企业融资成本。

要大力发展各种产业基金，支持实体经济发展。鼓励更多的民营企业
参与"浙民投"（浙江民生投资有限公司），通过企业抱团的方式聚集民
间资本，通过直投的方式进入实体经济，从而降低实体经济的融资成本。

同时，要通过财政贴息、信贷奖励补助等方式，建立并购重组贷款风
险补偿机制，支持企业并购发展。被并购重组企业原享受的优惠政策，经
相关部门审核确认后，在规定期限内可由并购重组企业承继享受，其历年
享受国家有关优惠政策形成的"国家扶持基金"，除国家有明确规定使用
用途外，经同级政府批准，可按投资比例分摊归股东所有。鼓励各地结合

实际设立专项资金，对示范作用大、带动力强的上市公司并购活动进行专项支持或奖励。

第四章　文化观

——文化是贯穿企业的线索

为什么说"赚钱第一，不是唯一"？曾经的"地铺之交"给了正泰什么样的精神传承？南存辉怎么解读他的"政治经济学"？民营企业应该确立什么样的"中国梦"？

正泰文化本质上就是一种创业文化，认识新常态，适应新常态，引领新常态，夺取下一个30年的辉煌，更需要倡导创业文化。

创业文化

正泰的企业文化是什么？历来有很多解读。南存辉在 2015 年 6 月 19 日举办的正泰集团首期文化大讲堂上做了全面阐述，全文如下：

首先，我代表正泰集团董事会、总裁班子对钱文忠教授、胡宏伟先生于百忙之中莅临正泰指导并就"温州模式与创业文化"主题发表演讲表示热烈的欢迎和诚挚的感谢！

今年（2015 年）"两会"，李克强总理在《政府工作报告》中提出"大众创业，万众创新"的号召，并把它列为我国经济增长的"双引擎"之一，提出了一系列重大举措，市场竞争的制度环境正在日益改善和优化。温州是一个具有群体性成功创富传统的城市，是"大众创业，万众创新"的典范。正泰 30 年的发展史是一部波澜壮阔的创业史。外部环境的优化、温州创业创新的优良传统、正泰内生的创业精神和特质为我们进一步创业提供了非常有利的条件。我们要牢牢把握这个历史的节点。唯有如此，方能成就正泰的下一个辉煌。

今天讲堂的主题是"温州模式与创业文化"，正泰文化就是温州模式和创业文化的一个缩影。前段时间，我常常思考："过去 30 年的正泰文化是一种什么特质的文化，面对经济新常态，提高我们的竞争力，实现正泰'一二三四五'战略，我们要倡导什么样的企业文化"。回顾正泰 30 年发展史，我觉得正泰文化本质上就是一种创业文化，认识新常态，适应新常态，引领新常态，夺取下一个 30 年的辉煌，更需要倡导创业文化。

正泰 30 年的发展史就是一部创业史。正泰文化本质上是创业文化，总结起来有以下几层含义：

一是把握机会，持续创业。作为出资人和职业经理人，不在于你有多少钱，而在于你干成了几件事。我们取得了一些成绩，但相比国外同行，我们还有很远的距离。现在我们面临这么一个情况：经济新常态下，宏观经济增长放缓和集团销售额及利润增长需要提速之间的矛盾日益突出，这个矛盾不解决，正泰就很难有突破性进展，在千军万马的创业浪潮中就有可能被淘汰，我们要有这种危机感。我们不贪心，但绝不能偷懒。

二是实事求是，市场引领。关于这一点，我在 5 月 11 日集团工作会议上郑重提出过这个问题。30 年来正泰的发展就是坚持把市场引领放在首位，坚持市场引领，其他的一切包括技术创新都要服从和服务于市场这个总纲，没有市场拥有量，其他一切都是空话。

三是头脑清醒，坚守主业，做大做强实业。

四是艰苦奋斗，反对奢华。"四千精神"是温州人精神的真实写照，在温商创业初期，"四千精神"得到了较好的体现，是"温州模式"的动力源泉，也是正泰由弱到强的一大法宝。

五是价值分享，和谐共赢。

新常态下，机遇和挑战并存，认识新常态、适应新常态、引领新常态，夺取下一个 30 年的辉煌，正泰需要继续倡导创业文化。要充分利用好全面深化改革、"一带一路"建设、"大众创业、万众创新"带来的巨大机遇。基于对这些机遇的把握，我们提出了"一二三四五"战略，现在我们要干的事情就是切实贯彻落实这个战略。在此，我提两点要求。

一是要克服小富即安、故步自封、不计成本的错误倾向。当前，一些职业经理人不同程度地存在"打工思维"，丧失了刚进公司时的雄心壮志，"上班炒股，中午睡觉，下班论股"现象时有出现；一些出资人丧失了创业时的激情和勇气，享乐思想开始出现；一些领导干部沉湎于过去的辉煌之中，形成路径依赖而不善于创新。持久的"创业思维"和"创业意识"并没有真正渗透到全体出资人和职业经理人头脑中，这迫切需要我们去激发活力，帮助整个企业发生变化。全体干部要破除小进即满、小富即安的小农观念，破除画地为牢、故步自封的保守思想，破除四平八稳、按部就班的消极思想。

二要摆正心态，践行正泰创业文化。心态正，才能事业兴。正泰所从事的事业，往大处说是工业强国的大事，往小处说，也是关系到每个正泰人家庭幸福的事。如果企业能够长远发展、基业长青，我们的社会、我们的家庭，也将因此分享到更多的福泽，我们要有这个担当；如果企业就此止步不前、毫无建树，我们每个人的幸福生活，很可能就要变成镜中花、水中月。每一个正泰人特别是领导干部要能够从心态上回归到创业者心态，想一想创业时的初心，想一想为什么要加入正泰，想一想为什么要披荆斩棘不断前行。要把企业的事当作自己家的事来干，树立主人翁精神，凡事反问一下自己：如果这是我自己家的事，我该如何干？全体员工特别是职业经理人想问题、干事情时如果都能够以主人翁精神指导实践，我想很多事情就会迎刃而解。要拿出全部的激情和勇气，知行合一、身体力行，积极践行创业文化，外练"筋骨皮"、内练"精气神"。在正泰30周年纪念大会上，我提出了要始终不忘30年前出发时的初心，不忘初心，方得始终；要始终不忘30年前起步时的谦虚，谦虚敬畏，方能进步；要始终不忘30年前创业时的激情，激情奋发，方有活力。希望全体干部牢记"三个始终不忘"，拿出开拓的锐气，带头冲破阻碍发展的思想牢笼，自觉践行正泰核心价值观，为打造正泰百年基业做出应有的贡献。

　　培育良好的持续创业和共同创业心态，需要克服消极无为的思想。今天我们举办这场讲座，目的就是为了提醒我们在座的各位中高层干部，要时刻保持持续创业和共同创业的清醒头脑，激情迸发，斗志昂扬。提醒全体干部要耐得住寂寞，经得起诱惑，心无旁骛，把公司的事当成自己的事来看待，扎扎实实把本职工作做好。希望大家认真听讲，做好笔记，知行合一。

听中央的，看欧美的，干自己的。

政治是天

南存辉常说三句话：听中央的，看欧美的，干自己的。

听中央的，就是要认真学习、深刻领会党的各项方针政策，牢牢把握发展方向，紧紧抓住发展机会。这对一个企业来讲，具有极其重要的指导意义；看欧美的，即认真地向欧美等发达国家和地区学习，学习他们先进的技术、管理经验，因为他们是先行者，他们的今天就是我们的明天；干自己的，即企业发展要以实际国情为基础，根据本行业的特点，走好自己的路，做好自己的事，不能完全照搬照抄别人的经验。

南存辉无疑是中国最"讲政治"的民营企业家之一。在他的企业里，党委、团委、精神文明委、工会、妇联等组织一应俱全，他本人也有很大一部分精力用在游走于各级领导和部门之间。在公司里，"三讲"教育、"两思"教育等活动，更是不落人后。

有人质疑，这样做是不是太热衷于"政治"了？他对此不以为然。

他在接受有关媒体采访时的一些回答，耐人寻味。

有记者问："中国企业家目前是政治经济学的高手，往往在很多方面是从政府来找市场，但也有一种所谓'商而优则仕'的经济政治学情结，你怎么看待这个问题？"

他回答："作为一个企业，政治应该是天，天气好的话，出太阳了，被子霉了可以晒晒呀！外面刮风下大雨，你却拿被子出去，肯定不合时宜嘛。如果一个国家或地区到处在打仗，你还到那儿投资干什么？企业要做强、做大，必须有一个好的政治环境。企业要讲政治，但不能进入误区，比如政治资本的运用，光靠关系，不靠自己的机制、动力，这个企业是做不大的。"

类似的话题有过很多次，南存辉的本意在于，办任何事情都不能离开当时的政治环境和社会背景。没有改革开放，就不可能有民营企业的发展。民营企业家需要关心政治、掌握政策，离开了政策的指导，企业就会迷失方向。

"地铺之交"情意深

有一段情谊，无法忘记；有一个人物，铭刻在心。

这段情谊，被誉为"地铺之交"；这个人物，叫作宋佩良。

2011年7月25日，离开正泰多年的宋佩良老先生在上海家中去世，享年88岁。远在国外出差的南存辉闻讯，焦急万分。他想立即停止在国外的行程，飞回上海参加他所尊敬的"老宋工"的遗体告别仪式，可由于航班原因，无论如何也赶不上告别仪式的时间！

"请代我草拟一份悼词，一定要情真意切！"他吩咐下属。

他在电话里深情地回忆起与"老宋工"交往的情景：

那是20世纪80年代，正泰前身"乐清求精开关厂"创办之初，正是温州低压电器"假冒伪劣"盛行之时。很多企业偷工减料，以次充好，许多劣质产品流入市场后事故频发，给消费者带来了巨大的伤害，也给整个行业带来了毁灭性的打击。南存辉的求精开关厂决心逆风而行，以"精益求精"为宗旨，以质量求生存。可在当时的情况下，资金不足，技术人才极缺，怎么抓质量？考虑再三，南存辉决定到上海寻求支援。有人向他推荐了刚从上海人民电器厂退休的宋佩良、王中江、蒋基兴三位工程师。当时温州不通火车、不通飞机，公路也是七弯八拐、坑坑洼洼，被人戏称"汽车跳，温州到"，艰苦条件可想而知。几位老人本想待在上海，和家人共享天伦之乐。所以，刚开始的时候，他们对南存辉的盛情邀请婉言谢绝。但南存辉不肯放弃，一次次登门拜访，很多时候就在老宋工家里打地铺休息。南存辉"三顾茅庐"的诚心打动了几位老人，最终答应"出山"，前往地处温州"乡下"的乐清柳市镇，帮助南存辉建立热继电器实验室，构建企业技术开发体系。为给公司省钱，也为了提高工作效率，他们吃住都在厂里，白天的工作台，到了晚上，被褥一铺又成了卧床。为给公司省钱，许多工装设备、模具等，都由他们自制。正是在他们的帮助下，正泰走上了科技创牌、质量兴业之路，并逐渐成为低压电器行业响当当的名牌企业。

宋佩良等几位老人因年龄和健康原因离开正泰后，南存辉始终念念不忘。每年到上海，都会抽时间去看望他们。据说有一年，南存辉去看望宋佩良达 13 次之多，宋老感叹说："比我儿子来看我还勤！"

正泰建厂 10 周年的时候，南存辉专门花了 3000 美元，把定居巴西的王中江老人接到厂里，和宋佩良、蒋基兴一起，戴上大红花，成为座上宾。王中江老人在上海去世时，南存辉刚在北京获得一个重要奖项，要回温州接受家乡领导的表彰。他随即取消这项行程，直接赶到上海参加王老的追悼会。正泰创业 15 周年的时候，年近八旬的宋佩良、蒋基兴又被请来参加庆祝大会，被授予"正泰元老荣誉奖章"。

而今，宋佩良老先生又溘然长逝，怎么不叫南存辉痛惜万分？

"你是要牌子还是要票子？要牌子就必须扎扎实实地干，要票子你就像别人一样搞搞假货就行了！"

"我当然是要牌子了，不然我请您来做什么？您老的年龄比我父亲还大，我是晚辈，有什么做得不对的地方，您尽管批评指正，我一定照办！"

如今，斯人已去，但这位老人与他的对话犹在耳边。

7月27日，宋佩良先生的遗体告别仪式在上海举行，南存辉委托集团副总裁陈建克代他宣读了由他个人并代表正泰给宋老先生家人的《悼词》：

　　惊悉宋佩良先生不幸辞世，悲痛至极！因出差海外不能亲赴先生的告别仪式尤感遗憾。请允许我代表25000名正泰人并以我个人的名义，对宋老先生的辞世表示深切的哀悼，向先生的家人致以诚挚的慰问！

　　宋佩良先生是我们正泰集团技术领域的重要奠基人、开拓者。20世纪80年代，他从上海人民电器厂退休后，不顾年事已高，毅然放弃安逸的都市生活，放弃与家人团聚的天伦之乐，和另外几位工程师一起，受邀来到初创时期的正泰集团前身"乐清求精开关厂"，帮助我们开展技术攻关，建立质量管理体系。那时，我们企业条件非常简陋，生活非常艰苦，宋先生以厂为家，以苦为乐，白天勤勤恳恳地工作，晚上把工作室简单收拾，就和着床铺休息。先生与我的"地铺之交"，成为我们正泰创业史上最浓最真，也最感人的篇章。正是在宋老的帮助下，我们建起了温州地区首家热继电器实验室，首批获得了国家颁发的生产许可证，在行业中脱颖而出，进而发展成为这个行业的领军企业。宋先生因为年龄和健康原因离开工作岗位后，依然心系正泰，对我们的每一步成长给予了热切关注。他为正泰事业的发展倾注了大量的心血，他的身上闪耀的吃苦耐劳的创业精神和敢为人先的创新精神，已然成为正泰人最宝贵的精神财富。我们为失去这样一位德高望重的长者，失去这样一位宽容睿智的人生导师而深深惋惜！

我们将永远铭记宋佩良先生的不朽功绩，继承和发扬他的崇高品德和精神，把正泰事业推向新的台阶，以告慰他的英灵。

宋佩良先生千古！

> 如果企业就是一列火车，它总要开往某一个方向，坐火车的人，目的地也必须是和这列火车的方向相一致的。不是一家人，不进一个门；不是同一个方向，不上同一列火车。

"坐火车"论

你也坐车，我也坐车，谁人没坐过车？

事也平常，理也平常，事理却不平常……

这不平常之理，出自南存辉对"坐火车"的一番解释。

那是在正泰集团首次召开的思想政治工作会议上，南存辉说，企业要向前发展，首先需要考虑的是企业员工的群体利益和价值观的统一问题。企业员工来自四面八方，层次不一样，需求不一样，思想政治工作的目的，就是要让这些来自四面八方的人朝着共同的方向努力。这就像一艘船，船上坐着许多重量不同的人，只有想办法使船只平衡，才能到达目的地。

他随即讲了一个"坐火车"的道理：如果企业就是一列火车，它总要开往某一个方向，坐火车的人，目的地也必须是和这列火车的方向相一致的。不是一家人，不进一个门；不是同一个方向，不上同一列火车。

"我这趟列车本来是开往北京的，你既然上了车，就是要一同到北京去。如果你执意要去广州，对不起，方向不一致，请你下车！"南存辉这一形象描述，引来台下掌声不断。

他坦言，正泰在许多年前就认定了要走现代企业制度的道路，一心要打破家族管理体制，朝着公众公司、上市公司方向发展，朝着专业化电气公司的方向发展。当时也有一些股东、经理不理解、不赞成，嫌这车坐得太辛苦、太慢，也不是自己向往的目的地，中途"下车"了。下车也好，留在车上的，都是同路人，我们这车便一路开过来了。

南存辉进一步阐述，经过多年探索，不断完善，形成了一套完整的正泰价值观体系。明确了正泰的使命是"争创世界名牌，实现产业报国"，正泰的奋斗目标是"打造世界一流电气制造企业"。这就是我们这列"火车"所要到达的方向。正泰思想政治工作的一项重要任务，就是要教育大家认同正泰价值观，接受正泰价值观，并愿意为此奉献自己的青春和力量。只有方向明确，才能凝聚人心，形成合力，才能实现企业的目标，完成企业的使命。因此，思想政治工作不能"空对空""走形式"，而是要落地，落到每一个人，落到实实在在的工作上，落到企业发展的每一个环节中。

他在那天的会议上强调，思想政治工作是企业的生命线，是企业安全发展的需要、快速发展的需要、可持续发展的需要。而要搞好企业的思想政治工作，统一思想认识是前提，明确发展方向是关键，健全组织网络是途径，丰富工作载体是根本，加强领导是保证。他希望借鉴战争年代毛泽东同志提出的"支部建在连上"的理论，把企业的思想政治工作组织网络延伸到车间、班组。

“只要我们的思想政治工作做通了、做好了，企业的发展也就顺畅了，我们打造‘百年基业’的宏伟理想也就有了希望。”

他用这个“坐火车”的理论，说明了价值观认同的重要性，也点明了企业思想政治工作的要旨所在。

企业文化有磁场

南存辉以往讲到企业文化，常用的比喻是"磁场"。

"企业文化就像一种磁场，看不见、摸不着，却能强烈地感受到它的存在！"这是他最精辟的阐述。

有一天，他应邀为浙江舟山的企业家做讲座，讲到企业文化，他又有了新的感悟。

"很多人来舟山，都会到普陀山去拜拜佛，态度非常虔诚。这其实就是一种信仰，看不见、摸不着，却像一股神奇的力量，支配着大家的思想行为。有人说，世间万物，有两样东西延续千年不倒，一是宗教，二是学校。我由此想到文化的力量，如果我们把企业文化建设得深入人心，让大家自觉遵循，那么企业的可持续发展就有希望了！"

南存辉说，企业文化的核心是理念文化，就是要形成企业的价值观。

有什么样的价值观，就会有什么样的行为取向。如果没有统一的价值观，你讲东，他讲西；你讲天，他讲地，那就形不成合力。正泰把"争创世界名牌，实现产业报国"作为企业使命，这是正泰企业文化的最高境界。这看起来有点像口号，但经过长期灌输教育和潜移默化的影响，已经成了大家自觉的行动。

"大家知道，正泰和某些跨国公司打了多年官司，而这些官司的'导火线'其实是对方想收购正泰，而我们不同意。比如，有一家企业提出收购正泰，按那时的价格，估计可以卖到 100 多亿。单纯从赚钱的角度讲，卖掉当然是划算的。但我们不能卖，为什么不能卖？因为我们的使命是'争创世界名牌，实现产业报国'，如果把企业都卖掉了，还到哪里去创世界名牌，又怎么谈得上产业报国呢？在这种时候，价值观就起了作用。所以，我们说要有'赚钱第一，不是唯一'的心态。作为企业，肯定是要赚钱的，如果不赚钱还办什么企业。但又不能一心只顾赚钱。这就需要我们有所为有所不为，有所选择有所放弃。相对而言，选择要比放弃容易得多，而要放弃就难了。尤其是对取得一定成功的人，要他放弃，更是难上加难。所以，我们又强调要'经得住诱惑，耐得住寂寞'。修行者要是经不住诱惑，耐不住寂寞，他怎么能够得道？企业要是经不住诱惑，耐不住寂寞，又怎么能做到基业长青？"

南存辉认为，企业文化需要载体，就像宗教需要有寺庙、教堂一样。但企业文化的载体不是寺庙，而是适合企业发展的种种方式。他提到，正泰集团党委借鉴毛泽东在战争年代提出的"支部建在连上"的思想，把党、团、工会组织建到企业基层班组，在全国首创了党小组、团小组、工会小组与行政班组相结合的"四结合"学习型班组，这是正泰企业文化建设的一个很好载体。如能坚持下去，通过这个载体，可以将之"内化"为全体员工的行为习惯，最终为增强企业凝聚力，促进企业可持续发展服务。

"磁场"也好，"宗教"也好，说法虽不一样，观点如出一辙，都是在强调企业文化"无形的力量"。

某些跟我们打了多年官司的跨国公司，私下里还希望与我们和解呢！我们内部，有什么不可以调和的？

包容的力量

企业文化的重塑进入正泰决策者们的视线。

2009 年 1 月 17 日下午，由南存辉主持，在杭州正泰太阳能科技发展有限公司举行的这场"大脑风暴"，能到的集团董事和总裁班子成员悉数到场。尽管南存辉一个劲地鼓励大家轻松交谈，畅所欲言，但刚开始气氛还是有些凝重。南存辉给与会"老总"们念了一封篇幅不短的匿名信，信中历数了家大业大的正泰逐步暴露出来的一些毛病，其中不乏火药味实足的过激语气。

"刚看到这封信，我也有些受不了，心里想，我们正泰问题有那么严重吗？如果到处都是问题，我们会发展得这么好吗？但我很快就想通了，写信的人可能不完全了解正泰情况，可能带着情绪，难免有些过头话，但信中毕竟指出了正泰客观存在的一些问题和正在出现的苗头，值得我们重

视！"南存辉说，这也是他召开这次会议的由头，他想利用农历新年前的
这点时间，让大家聚在一起碰撞碰撞，总结过去的得失，酝酿未来的发展。

会场气氛由凝重到热烈，大家的发言由拘谨到放松。

多位与会者提到企业文化问题。一位董事说，企业发展涉及方方面面，
但核心是企业文化。经历了这么多年发展，我们应该静下来重新梳理一下
企业文化，解决一个价值认同的问题。这个问题解决不好，目标不统一，
想法不一样，行动不一致，很难持续发展。

这位董事认为，企业文化不单纯是党委的工作，党团组织的活动只是
一个载体，真正起主导作用的应该是董事会。他建议董事会把企业文化的
梳理与重塑提到议事日程，扎扎实实地抓起来。

一位老总说，企业小的时候，组织结构单一，人员构成也不复杂，
大家的思想很容易达成一致。企业大了之后，组织层次多了，人员来自五
湖四海，各人有各人的背景，各人有各人的想法，"杂音"随之多了起来，
甚至出现了某些"圈子文化"。这种"文化"不消除，再多的人才也是内耗。

"要说企业文化，我的看法是要建立一种包容文化！"南存辉开门
见山。

他说，正泰的企业精神是和谐、谦学、务实、创新，和谐不是不要原则，
不是让大家都做老好人。和谐的内涵是团结、和睦，这需要一种兼容并包
的胸怀。正泰的文化，就是在这种包容的心态下，执着创业，坚持创新，
不断变革，注重绩效。现在整个集团上万名员工，有高层管理者，有普通
工人；有国内人才，有海归人士；有原始创业者，也有后来加盟的经理人，
可以说是"八仙过海，各有神通"，这更需要包容。有容乃大，包容才能

包容的力量

博大精深，包容才能放下"小我"，形成合力。

"我们有些经理，包容下属是容易的，包容同级别的人就不那么容易了。"南存辉借题发挥，美国曾是种族隔阂和歧视最为严重的国家，黑人奥巴马却能当选总统，这一方面固然是美国黑人争取民权斗争的胜利，但人们也从中看到了一种包容，它是美国社会包容文化的胜利。从世界格局来看，一种更加包容、更加开放的社会形态正在形成。

"某些跟我们打了多年官司的跨国公司，私下里还希望与我们和解呢！"他感慨，"我们内部，有什么不可以调和的？"

人人都是"第一人称"

"在员工思想政治工作的问题上，大家都要以第一人称的姿态出现，身体力行，抓实抓好！"

2010年10月30日，在正泰集团"四结合"学习型班组经验交流会上，南存辉说了一番大实话。

"四结合"是正泰集团党委在认真探索多年非公有制企业党建工作的基础上推出的一个新载体。在同年4月份召开的正泰集团思想政治工作会议上，南存辉曾希望集团党委学习、借鉴当年毛泽东"支部建在连上"的理论和做法，尝试把企业党、团组织建在基层班组。遵照他的意见，集团党委创造性地开展了把党小组、工会小组、团小组建在基层的活动，努力打造"四结合"学习型班组，为员工搭建学习的平台，使之成为基层党员发挥先锋模范作用、广大团员青年发挥生力军作用的重要载体，成为维护

人人都是"第一人称"

员工正当、合法权益，相互帮助的工作及生活集体。

与过去传统的侧重生产任务的班组不同，"四结合"学习型班组以基层行政班组长为中心，党、工、团小组长通过创先争优活动，加强学习教育，解决员工实际困难，丰富业余活动，构建和谐团结的学习型班组。扎根基层的各个小组，既紧密配合，又各司其职。如行政班组负责员工工作情况，做生产线的"桥头堡"；党小组了解掌握思想动态，做员工们的"知心驿站"；工会小组重在民主管理，做解决员工后顾之忧的"服务台"；团小组则积极开展多渠道的学习、交流和沟通活动，打造"青春空间"。

活动开展半年，效果催人奋进。位于温州地区的 514 个生产班组中，有 126 个班组率先打造了"四结合"学习型班组，覆盖员工 1 万多人。正泰集团党委书记林可夫的切身感受是："四结合"学习型班组建设，有利于把好方向，起到了政治保障作用；有利于加强员工思想政治工作，起到了思想保障作用；有利于提高员工素质，起到了组织保障作用。有关媒体称，正泰集团在行政班组中共建党、工、团小组，开创了民营企业党、工、团工作的先河。

在当天的经验交流会上，3 个制造部、7 个班组的负责人所做的典型汇报，引起了南存辉的深思。他说，听了大家的汇报，他有两个"想不到"：想不到党委牵头开展的这项活动取得了这么好的效果；想不到我们的基层班组里有那么多优秀人才。这使公司找到了一个培养、提拔干部的有效途径，将来在干部任用中，要重点考虑这些通过基层锻炼脱颖而出的优秀人才。

南存辉在发言中谈了两点认识，提出了三点要求。两点认识：一是公司各级领导的重视非常重要，"四结合"能顺利开展，是上下齐心、高度重视的结果；二是这项活动开展与不开展大不一样，通过总结交流，大家看到了实实在在的效果，因而更坚定了开展这项活动的决心。三点要求：一是进一步学习、交流，总结经验，扩大范围，扎实推进；二是各公司负责人一如既往，在思想上高度重视，在观念上大力倡导，在行动上大力支持；三是党群系统和各公司、各班组再接再厉，推出更多的举措，取得更大的实效。

"我们都知道前段时间富士康发生了十几个员工的'连跳'事件，其实富士康是个非常优秀的公司，在很多方面都做得很不错，为什么会接二连三地发生这样的事情呢？在我看来，可能就是员工的思想政治工作没有跟上去。在重视生产发展的时候，忽视了员工的思想教育和心理疏导。而这，正是我们的特色，是我们的优势，我们不但不能放弃，还要做得更好！"南存辉深有感触。

南存辉当天是从杭州赶到温州参加会议的。据他透露，这天，克林顿时代的一批美国政府要员莅临杭州考察，本已约好与他会谈并共进晚餐。但为了不耽误公司的"四结合"会议，经与对方沟通，他把与美国客人会谈和进餐的时间延至次日。

"宁愿怠慢了客人，也不能耽误了事关公司发展和员工成长的大会！"

南存辉的讲话掷地有声。

子女们不擅长办企业，不等于就会"败家"。也许是兴趣不在这方面，也许是能力不在这方面，不能一概而论。而且，也没有必要强求下一代一定要子承父业，非在企业工作不可。

误读的"败家子基金"

很长一段时间里，关于"败家子基金"的报道触目皆是，而且俨然已成网上"百科名片"中的重要词条。

网上关于这个词条的解释是：所谓"败家子基金"，是指企业家为了避免子女经营不善而设定的一种基金。该基金将由投资理财队伍负责打理，来养那些败家的后代。类似"败家子基金"的这种财务安排在国内家族企业中的出现，反映出国内家族企业对下一代的担忧具有相当程度的普遍性。

而几乎所有的报道，都认为这个名称的原创来自南存辉。

对此，南存辉常常报以无奈的一笑，然后感叹："媒体的力量太强大了！"

在南存辉看来，这是媒体误读了他的本意，因而也在某种程度上误导了读者。

这到底是怎么一回事呢？

南存辉说起这件事情的来龙去脉："那是在 2004 年 4 月 18 日举行的一次浙江民营企业 CEO 圆桌会议上，大家不约而同地谈起了民营企业接班人的问题。我说过去很少考虑这方面的问题，因为我自己年龄也不大，好像这个问题还不是那么迫切。但不久前，无意中看到公司几位高管的子女在一起做游戏，这个说我老爸是什么什么职务，所以我应该排在什么什么位置，那个说我老爸是什么什么职务，所以应该排在什么什么位置。这虽是孩子们一次很天真、很随意的游戏，却使我受到了触动。我在想，如果不加强教育，没有相应的制度制约，将来万一这些孩子到了公司，不是按能力大小决定职位，而是按父辈职务的大小或股份的多少争夺权力怎么办？后来我们高层在一起开会，我说，将来我们的孩子成年后，原则上不到公司上班，而是先到社会上打拼。如果实践证明有能力，他们又有心继承父辈的事业，可以通过公司按程序聘进来，把他们放到合适的岗位工作。当时有股东提出来，万一孩子真的学无所长，在外面生存不下去，本公司又进不来，那怎么办呢？我说，是不是可以考虑由我们这些原始股东出资成立一个基金，请专家来打理，专门用来养活那些缺少经营能力的孩子。这样，即使我们老了，干不动了，也不至于为下一代的生活所忧。因为资金由原始股东出，我当时的想法是叫'创业者基金'。但可能媒体觉得这个话题很有意思，为了吸引眼球，扩大文章影响，报道时说成了'败家子基金'。结果越炒越热，炒多了，好像真是那么回事了！"

南存辉直言，他不赞成"败家子"的说法。因为子女们不擅长办企业，不等于就会"败家"。也许是兴趣不在这方面，也许是能力不在这方面，不能一概而论。而且，也没有必要强求下一代一定要子承父业，非在企业工作不可。他们可以去从事自己喜欢和适合的工作。至于企业，要致力于构建完善的治理结构，并通过职业经理人制度来延续下去……

南存辉说出事情的真相，并非要找媒体"翻案"的意思。

应该说明的是，在独生子女占主导地位的 21 世纪，没有兄弟姐妹已是寻常之事，家族企业如何培养这些独苗型的"新生代"，使其能够成为父辈财富的接班人，确实是众多民营企业当家人关注的焦点。美林集团 2004 年发布的一份报告显示，中国内地的千万富翁接近 24 万人。中小规模的家族企业则更多。但据统计，东亚地区的家族企业只有 13% 能成功地传承到第三代。这个数字足以让现在还在含辛茹苦打拼江山的很多本土民营企业家忧心忡忡。

全球家族企业研究领域的权威兰德尔·S 卡洛克和约翰·L 沃德在 1987 年发表的《怎样保持家族企业健康发展》中明确写道："保持家族企业的活力也许是世界上最艰巨的管理任务。"

同样地，如何跳出"富不过三代"的怪圈，把创业者对财富和事业的理解薪火相传下去，也成了考验民营企业家的重要课题。不管南存辉曾经的提议是叫"创业者基金"也好，叫"败家子基金"也好，实质上都是在倡导一种观念、一种追求。

人最难的是什么？最难的是说"不"，假如你能够把"不"字说到做到，假如你能舍得一些名，舍得一些利，相信你的生活会变得丰富，变得精彩。

最难的是对名利说"不"

2010 年 12 月 25 日上午，由清华大学总裁俱乐部主办的县（市）区域经济发展高级研修班 2010"转型中国的机会与挑战"高峰论坛在深圳举行。南存辉受邀演讲。

"我今天主要和大家分享一下我们办企业的一些感悟！"南存辉这样开场。

他把他的感悟归为"一二三"。

"一二三比较好记！"南存辉说，一，就是一个理念。首先要明白为什么办企业，办企业为什么，就是要形成自己独特的企业文化，形成自己的价值观体系；二，就是两个坚持，坚持用减法做大企业，坚持用加法做强产业。做减法，就是不要贪多，正泰 26 年来一直坚持电器专业化的经营思路。我们的老祖宗很有智慧，创造了"舍得"一词，有舍才有得，道

最难的是对名利说"不"

理很深刻。但要做到这一点很不容易，需要经得住诱惑，耐得住寂寞。有人说我们前几年没有涉足房地产，至少减少了上百亿的收入。但我不动心，也不后悔，因为我的电器主业做大了。做"加法"，就是把所有的精力聚焦在产业上，把产业做强；三，就是三个创新，即技术创新、管理创新、机制创新。唯有创新，才能进步，也才有我们正泰的今天。

南存辉讲完后，和学员之间有一段精彩的互动。

一位女学员问："办企业的人总是很忙，往往顾得了企业顾不了家，顾得了家又顾不了企业，请问应该怎样处理好这两者的关系？"

南存辉答："我觉得一个人的事业可能不是我们人生的全部，人生的全部假如说圆满，或者是完美的话，应该是有一份事业，又有一个幸福的家庭，子女孝顺，老人健康，朋友多，天天开心。但我们在现实中，要做到忠孝两全是很难的，既要把事情干好，忙得不得了，又要照顾家庭，特别是女企业家更加难。我现在干了20多年，我都准备下来了。人最难的是什么？最难的是说'不'，假如说你能够把'不'字说到做到，假如说你舍得一些名，舍得一些利，我相信你的生活会变得丰富，变得精彩。"

另一位学员问："您的企业请了很多职业经理人，尤其是海归，人请来了，您要给他们权力、利益，您不怕到最后不好控制吗？"

南存辉答："我为什么老想着要控制他们呢？我对经理人说，我负责给大家搭建平台，你只管努力去做，做好了功劳是你的，荣誉是你的，做不好责任是我的。我们搞新产业，引进海归人才，可能会给他一些股权。我对他说，这就像我们一起凑钱买船来开，我出大钱，你出小钱，但船由你来开，你来当船长，因为我不会开船，我就当一个大船东。船开好了，当然要给他奖励，包括政府的奖励、企业的奖励，我们不能眼红。眼红别人，什么利益都想自己要，什么事都想自己干，结果是什么事都干不好的！"

还有一位学员问："您是如何看待办企业和赚钱的关系的，或者说，您的财富观是怎样的？"

南存辉答："我们有一句话，叫作'赚钱第一，不是唯一'。办企业当然首先要赚钱，不赚钱企业都无法生存，还有什么远大目标可言呢？但是，赚钱又不是唯一的目的，还要体现人生价值，要考虑到国家、社会的需要，考虑到环境、自然的和谐，还要兼顾到方方面面的利益。所以我说，办企业肯定要赚钱，但眼睛只盯着钱就没意义了。说到底，就是个心态问题。用平常心可以做很多不平常的事。假如你修养到一定程度，我相信财富会越来越多，事业会越来越大。"

……

提问一个接一个。

除了"赚钱第一，不是唯一"之外，"财聚人散，财散人聚""帮人就是帮自己"等，都是南存辉这场演讲的"关键词"。

从历史的长河来看，地球总是在转动的，事物总是要变化的。我们应该不惧怕变化，而是要喜欢变化，拥抱变化，敢于面对变化！

唯一不变的是变

"从历史的长河来看，地球总是在转动的，事物总是要变化的。我们应该不惧怕变化，而是要喜欢变化，拥抱变化，敢于面对变化！"

2012年4月20日，在上海松江召开的正泰集团第一季度经济分析会上，南存辉作了一番极富哲理性的讲话。

这次会议的主题是"认清形势，统一思想，整合资源，为将正泰打造成为全球领先的清洁能源供应商及系列能效管理解决方案提供商而努力奋斗"。在全面分析了国内外经济形势和正泰第一季度经营情况后，南存辉提出下一阶段的重要任务是做到"四个坚定不移"，即：坚定不移地做强主业、实业；坚定不移地推动转型升级；坚定不移地推进创新发展；坚定不移地做好资源整合。

他说，世间万物，唯一不变的就是变。面对各种变化，我们应该怎么办？这完全取决于我们的心态。如果惧怕变化，因循守旧，那么在剧烈的变化面前就会慌乱，就会手足无措。如果不惧怕变化，平时做好了应对变化的准备，具备了应对变化的能力，那么，不管外面怎么变，我们都能从容应对。所谓危机，对没有准备的人而言是"危"，而对做好了充分准备的人来说，更多的是"机"。我们要相信，阳光总在风雨后。历经了风雨，那就是灿烂的阳光了。

他说，经济形势有好的时候，也有不好的时候。遇到困难，我们要冷静分析，乐观处世，而不是悲观厌世。不要说是企业经营中的暂时困难，就算是真像美国电影《2012》里说的那样，地球就要毁灭，世界末日就要到来，大家也不必害怕。那电影最后说，人们为了躲避灾难，乘上一艘"挪亚方舟"逃到一个安全的地方。那个安全的地方在哪里？就在中国的西藏。"而我们就在中国，离西藏最近，离安全最近。所以，我们不必惊慌，不要自己吓着自己。我们需要一种宁静的心境，需要有一种'笑看云卷云舒，坐观潮涨潮落'的胸怀。"

南存辉强调，"四个坚定不移"是正泰在多年实践中总结出来的经验，也是应对未来变化的法宝。而在大目标不变的前提下，要分清楚轻重缓急，有先有后，稳中求进，持续发展。只要大家坚定信心，齐心协力，而且心无旁骛，就会越做越好，越做越有希望。

"我把别人发给我的两段话作为今天的结束语，用以和大家分享！"南存辉说着，念起了他的"结束语"：

当我感觉有困难时，是自己的智慧不够。

当我感觉有压力时，是自己的能力不够。

唯一不变的是变

当我感觉没有自信时，是自己的能量不够。

当我感觉别人不顺眼时，是自己的胸怀不够。

有才而性缓，定属大才；有智而气和，斯为大智。

万人艳羡时心如止水，无人理睬时坚定执着。

放手并非放弃，只是我们人生追梦途中方向的调整。

走在光滑的冰面上容易摔倒，因为那上面没有坎坷。

诚信总会给你带来成功，但可能是下一站。

世界上最苦的孤独不是没有知己，而是迷失自己。

真正危险的事是没人和你说危险。

相信党中央领导集体的智慧和各级政府的有效作

为，相信市场机制的作用，相信中国文化的力量！

相信，一个高能量词汇

年末岁尾，网络上喜欢盘点各种"热词"。

如果回顾 2012 年南存辉在各种场合的讲话，那他强调得最多的便是
三个"相信"。

"相信党中央领导集体的智慧和各级政府的有效作为！"

南存辉说，中国共产党和政府有智慧应对各种困难，有能力解决各种
问题，更有办法带领国家向前发展。改革开放以来推出的一系列政策措施，
使中国经济迎来了三十年的高速增长，成为世界第二大经济体。民营企业
借此迅速崛起，乘风破浪，占据国民经济半壁江山。党的十八大，在重申
"两个毫不动摇"的同时，明确提出坚持走中国特色新型工业化、信息化、
城镇化、农业现代化道路，推动信息化和工业化深度融合、工业化和城镇

化良性互动、城镇化和农业现代化相互协调，促进工业化、信息化、城镇化、农业现代化同步发展。可以说，"新四化"为我国未来新的经济增长格局指明了方向，将在未来二三十年甚至更长时期，给经济社会发展提供广阔空间。

"相信市场机制的作用！"

南存辉引述一位经济学家的话说，每一次金融危机，都会有产业重组的机会，都会出现新技术、新产业革命，也会给有品牌、有性价比优势的产品带来扩张市场的机会。所以，要相信市场机制的作用，相信竞争会带来繁荣，要学会"危"中抓"机"。

他向有关部门建言，国家应高度重视政策的稳定性，不要忽冷忽热，一惊一乍，要给企业家们吃坚定发展的"定心丸"。同时，也要正确看待目前存在的种种不足。这些都是发展中带来的问题，发展问题还是要在发展中来解决，在改革中来解决。

"相信中国文化的力量！"

南存辉说，中国传统文化讲究"阴阳平衡"，认为"祸福相倚"，相信"否极泰来"。所以，危机并不可怕，可怕的是面对危机手足无措，失去信心。

"达尔文讲，物竞天择，适者生存。我认为，这既是生物进化的法则，也是企业生存的法则。当我们不能改变环境的时候，就要努力改变自己。面对某些一时难以改变的现实，企业应该学会'外圆内方'，只有先求得生存，才有可能慢慢去改变环境。只有安全发展了，才有可能实现健康发展、持续发展。"

　　他尤其强调,企业家要有平常心,遇事不抱怨,而是要积极想办法、找出路。

　　基于"三个相信",南存辉在浙江省委统战部举行的学习十八大报告座谈会上表示,要坚定发展信心不动摇,坚定实体经济不动摇,坚定转型升级不动摇。他期待:"在经济取得又好又快发展的同时,让天更蓝,山更绿,水更清,环境更美好,人民更幸福!"

正泰自身的发展启示我们：坚定的理想信念是企业发展的指路明灯！

理想信念不过时

在当下的语境中，谈到理想信念，许多人不免认为空洞。谈到理想信念教育，不少人认为是形式主义，走走过场就行了。

南存辉却说，理想信念非常重要，理想信念教育应该实实在在。他认为，正泰发展的历史，其实就是一部理想信念引领前进的历史。

在浙江省委召开的一次座谈会上，他这样来解读他的认识：

党的十一届三中全会提出搞活城乡商品经济，让一部分人通过合法劳动先富起来。这让我们这些祖祖辈辈与泥土打交道、与财富不沾边的"草根"群体有机会做起了"致富梦"，创业的激情被激发出来。很多人从田间地头走来，兴办工业，发展经济。我们正泰就是在这样的背景下创办起来的。邓小平南方谈话后，彻底消除了"姓社""姓资"的思想束缚，坚定了"发展是硬道理"

的信念。我们开始自建厂房，扩大投资，并利用国家有关鼓励个体私营经济发展的政策，兼并扩张，组合了四十多家中小企业，建立了低压电器行业第一家企业集团，实现了规模效益。

党的十四届三中全会后，确立了中国特色社会主义的市场经济体制。党的十五大又把个体私营经济列为社会主义市场经济的"重要组成部分"，并明确了非公经济人士也是"中国特色社会主义的建设者"，这更让我们吃了大力发展非公有制经济的"定心九"。我们坚定信心，加快发展，并积极实施"走出去"战略，使我们正泰由原来一个地方性比较强的企业逐步走出国门，走向世界，成为国内行业龙头，成为在全球同行业有一定影响的企业集团。

党的十六大后，科学发展观又成为我们继续做强做大、实现可持续发展的重要引领。我们抓住机遇，锁定智能电网方向，加快传统产业转型升级，同时布局太阳能光伏产业和高端装备制造，初步实现了产品结构由生产高低压元器件和成套设备向提供全面解决方案的方向转型，实现了产业结构由传统制造领域向光伏新能源和高端装备制造的转型，实现了由单纯"卖产品"向工程总包、交钥匙、"卖服务"和"建电站、收电费"等长期增值服务转型，实现了经营方式由以国内为主向全面国际化的转型，实现了由家族企业向公众公司、上市公司转型。

党的十八大提出了中国特色社会主义的"理论自信、道路自信、制度自信"，并描绘了更加宏伟的发展蓝图。以中华民族的伟大复兴为核心的"中国梦"点燃了全中国人民的强国梦。我们企业身处其中，也有自己的梦想。借助这次理想信念教育实践活动，我们通过"中国梦、正泰梦、我的梦"主题报告会，引导企业投资人和全体员工正确认识和处理好"中国梦""正泰梦""个人梦"三者之间的关系，努力实现"三梦融合，互为一体"。通过"民营企业与中国梦"大讨论等活动，进一步明确了正泰"打造全球领先的清洁能源开发商及能效管理解决方案提供商"的愿景目标。最终的梦想则是实现"百年正泰，基业长青"。

为此，我们以十八大提出的"实施创新驱动发展战略"精神为指导，制定、完善了正泰科技创新的中长期规划，明确了"切实提高原始创新、集成创新和引进消化吸收再创新能力，更加注重协同创新，努力形成创新驱动新动力和正能量"的科技创新方略。同时，我们严格对照要求，认真检查自己，提出了几个"够不够"的问题。比如，对国家，我们问自己：我们企业在转型升级、科学发展上做得够不够？在依法经营、健康发展上做得够不够？在履行社会责任、回报国家社会上做得够不够？对员工，我们也问自己：对员工生活的关心够不够？对员工成长的培养够不够？对员工发展的重视够不够？我们也引导员工反过来自问：对国家、对企业的关心热爱够不够？对国家、对企业的忠诚度够不够？对国家、对企业的贡献够不够？

在此基础上，我们推出了正泰集团2013年度"十大民生工程"。针对十八大提出居民收入增长和经济发展同步、劳动报酬增长和劳动生产率提高同步的"两个同步"的精神，制定更加科学合理的薪酬激励实施办法，进一步把关爱员工，构建和谐劳动关系落到实处。

"正泰自身的发展启示我们：坚定的理想信念是企业发展的指路明灯！"南存辉说。

他告诫公司各级管理人员："人家不要以为我因为在政协、工商联任职，要完成这项政治任务，我是真的觉得理想信念非常重要，即使国家不要求，我们也应该自觉进行理想信念教育，自觉树立坚定的理想信念！"

> 正泰之所以能顶住各种诱惑，坚定走专业化经营之路，就是因为看开了，是你的钱就去赚，不是你的钱就不要去强求。

心存敬畏

"一路走来，我们心存敬畏！"南存辉说。

2014年3月24日，南存辉在正泰高管大讲堂上开讲《正泰战略》，多次强调了"敬畏"二字。

他说，他最早和三位伙伴开了一个前店后厂式的电器作坊，大家辛辛苦苦干了一个月，只赚了35元钱。有两位泄气了，说才赚了35元钱，平均每个人10元都不到，于是退出了，留下另一个和他继续干。他是觉得虽然赚得少，但毕竟没亏，这让他看到了希望，也找到了创业的乐趣。所以，他是坚定要干下去的。

要干就要干好，干出名堂来。那时因为不懂技术，没有先进设备，凭手工操作"小打小闹"，要干好确实不容易。那个时候最怕碰到熟人，尤其是怕碰到客户。怕什么呢？就是怕对方来说我们哪个产品出了质量问题，要求赔偿。每次看到面熟的人来时，那位老兄都躲到后面，或者找借口走开了，把南存辉推出来应付，总说："你去你去！"从那时起，他们就对客户产生了一种敬畏之心，敬重而畏惧。

说到对客户的敬畏，南存辉讲了一段经历。他曾到河北邯郸等地去跑业务，去见客户的时候，为了突出自身"实力"，也为了表示对客户的尊重，打个出租车去。客户上门的时候，则约在星级酒店见面；不见客户的时候，从不打出租车，更不可能住星级酒店，有时候为了省钱，还住过防空洞。

南存辉对创业初期到上海"三顾茅庐"请工程师的经历记忆犹新。他说，他每次到上海的时候，为省钱，经常住在最普通的旅馆里，睡通铺，有时就"赖"在这些工程师家里打地铺休息。最终请到了几位上海工程师"出山"，帮助他们搞技改、抓质量，最终获得了低压电器行业首批生产许可证。后来在中央八部委对柳市低压电器行业的整顿治理中脱颖而出，他的企业成为重点扶持的对象。他认为，这都是以敬畏之心抓产品质量的结果。

南存辉认为，除了敬畏客户，还要敬畏大自然。这些年来，一些地方、一些企业不顾国家产业导向，盲目扩张，低水平重复投资，导致产能过剩，还增加了能耗，污染了环境，这样的发展模式肯定是不可持续的。所以，国家提出要转变发展方式。浙江省委、省政府则提出以"五水共治"倒逼企业转型升级。这让他意识到，不敬畏大自然，最终都要受到大自然的惩罚。

除此之外，还要敬畏规律，敬畏科学。这就需要企业决策者从实际出发，谨慎选择自己的发展方向。有些人凭胆子大，赚了点钱，头脑容易发热，以为自己什么都能干，就什么都敢干，决策拍脑袋，交了不少学费，甚至导致企业破产，老板"跑路"。

南存辉坦言，正泰之所以能顶住各种诱惑，坚定走专业化经营之路，就是因为看开了，是你的钱就去赚，不是你的钱就不要去强求。正泰的"五个转型"，也有其内在的联系，没有偏离"坚持主业发展不动摇"的轨道。

"因为心存敬畏，所以我们战战兢兢，如履薄冰；因为必存敬畏，我们少走了许多弯路！"南存辉说。

闻道有先后，术业有专攻。年轻是本钱，但不努
力就不值钱。

南存辉的中秋寄语

2016 年 9 月 13 日晚，位于温州乐清市北白象镇的正泰电器园区内歌
声嘹亮，欢声笑语不绝于耳。由正泰集团团委和人力资源部主办的"2016
年新进大学生迎中秋晚会"在这里隆重举行。

晚会进行中，大屏幕上突然闪现出一张和蔼可亲的面孔。

"哇，南董!"台下一片惊呼。

不错，正是南董，正泰集团董事长南存辉。他因出差在外，无法到场，
以这种特殊的方式与员工们"见面"。

接着，大屏幕上的南存辉亲切地说道：

亲爱的各位青年朋友：

大家晚上好!

今年 7 月以来，我很高兴地看到，来自全国 41 所大学 35 个专业的

青年才俊集结到正泰，选择了自己的事业平台。首先，祝贺你们做出的正确选择！欢迎大家成为正泰大家庭的一员！

物随心转，境由心造。心有多大，舞台就有多大。正泰是各路英豪、青年才俊们创业创新、施展才华、成就梦想的大舞台。

人生就像钟表，可以回到起点，但已不是昨天。你们要尽快融入正泰大家庭，打上正泰"和谐谦学"的文化烙印，在充满朝气、活力和希望的正泰这所"产业大学堂"里，内外兼修，知行并重；自强不息，敢于担当；学会吃苦、吃亏。建议看一看我经常讲的"盲人打灯笼"的故事，成就自己，照亮别人。

闻道有先后，术业有专攻。年轻是本钱，但不努力就不值钱。要学会借助正泰30多年来积淀的"专注、创新、合作、分享文化和产业链、全球化、民企机制"等资源优势，牢记"务实创新"的理念要求，结合你们各自的兴趣，发挥好特长，诚实做人、扎实做事，在敢于面对问题和学会解决问题的过程中提升能力；在勇于探索试错中，有所作为，体现责任担当；在大胆改革、务实创新的实践中茁壮成长。难走的都是上坡路，困难的都是收获前。

我因公务冲突不能到场参加今年的中秋晚会，通过视频方式向所有奋斗在不同岗位的新老正泰人送上最诚挚的节日祝福，祝大家花好月圆、阖家幸福、心想事成、美梦成真！

南存辉说完，深深地鞠了一躬。

台下，响起经久不息的掌声……

> 无论是企业发展还是个人成长，关键在于目标精
> 准，持之以恒。

南存辉解字

"'放弃'二字15笔，'坚持'二字16笔，放弃和坚持就在一笔之间，真是差之毫厘，失之千里！"

在正泰集团2017年新春团拜会上，南存辉用这么一句话来阐述他"持之以恒"的观点。

他说，这句话来自微信朋友圈，他觉得很有意思，就拿来和大家分享了。

他随即念了一段文字："无论你睡多晚，总有人比你更晚；无论你起多早，总有人比你更早；无论你多努力，总有人比你更努力；无论你多辛苦，总有人比你更辛苦。成功来自于我想要，成功来自于我一定要。所以，要持之以恒，坚持就是胜利！"

他透露，为准备这份讲话稿，他忙到当天凌晨三点钟才睡。而他相信，

为了工作，为了事业，比他睡得更晚、起得更早的大有人在。

在他精心准备的这份讲话稿中，他把 2017 年称作"正泰深化体制机制改革创新发展年"。其中"干货"不少，如：强化集团职能管控监督体系建设，转变服务支持理念，简化流程和改变审核方式，将职能前移到各业务单元，完善各公司、各业务单元的相应职能，达到在能力建设提升和风险受控基础上不断提高效率的目的；强化负债率、现金流经营风险管理，落实财务公司资金、信贷统一管理要求，支持供应链金融与支付结算功能落实；开源节流，降本增效，量入为出，加强质量、生产安全管理与专利知识产权管理；加快营销管理与技术创新，建立市场需求导向下的研发快速响应机制，让听得到炮声的人做决策；发挥新能源龙头产业带动作用，推动各产业、各公司资源共享、协同发展；大力支持石墨烯储能电池系统及物联网传感技术、新材料的开发应用；严格绩效考核管理，加大股权激励力度，体现"以人为本、价值分享"文化，等等。

他认为，无论是企业发展还是个人成长，关键在于目标精准，持之以恒。为此希望大家努力做到一事一省，注重内心观照，以坚韧不拔的意志将各项工作落实、落细、落地。除了"撸起袖子加油干"，还要"实干、苦干、拼命干"，以期"抢抓机遇干出一番新天地"！

第五章　修身观

　　——人做好了，事也做好了

企业家的"定力"是怎样练就的？一个人如何才能得道多助？国学大师南怀瑾给了南存辉什么样的做人"秘方"？

人，也要创品牌

"人生的历程也是一个创品牌的过程！"说这话时，南存辉正坐在余杭电视台《品牌·人生》节目录制现场。

余杭地处浙北、杭嘉湖平原南端，西倚天目山，南濒钱塘江。余杭人引以为豪的是其源远流长的历史。早在距今7000至6000年间的马家浜文化时期，已有先民在此生息繁衍。距今四五千年前，孕育了"中华文明的曙光"——良渚文化。

这种得天独厚的地理优势，使余杭土地丰沃，自古富庶，即使是在20世纪60年代的三年困难时期也没饿死过人。

也许正是这种优越的条件，使得部分人滋生了"养尊处优"的性格。由此形成的地域文化，在新时期市场经济的大潮中显示出了某些不适应。

志在"造福一方"的当地官员有了一种紧迫感。

栏目总策划、余杭区副区长殷英说:"余杭企业不少,但大多做得不大。与周边的温州、台州地区相比,余杭的企业家容易满足现状,小富即安。我们想通过这个节目,邀请一些全国知名的企业家现身说法,启发本地企业积极进取,树立品牌意识,进而把企业做强做大!"

他们邀请的第一个人就是南存辉。

坐在台下的观众则是来自该区各个方面的代表人物,其中很多是通过媒体公开征集来的。观众中有公务员、律师、在校大学生、外来务工人员等。

当然,主体是当地的企业负责人。

"温州商人是 20 世纪末最火热的词汇之一,也是 21 世纪初继续热力四射的一个词汇。有争议,有推崇,有贬低,有敬仰。但有一个人始终站在温州潮的顶峰,他以其巨大的成就而被全国的民营企业界所敬仰,以其强烈的社会责任感受到老百姓的推崇……"

主持人的"开场白",早把观众的胃口吊了起来。

在近两个小时的对话里,主持人依次揭开三个题板:"把一壶水烧开""财聚人散,财散人聚""家门口就是国际化"。

南存辉的思维火花,也围绕着三个话题次第展开。

"我所说的把一壶水烧开,并不是说一生就只烧一壶水。这里有两层含义:第一层是指要集中精力、聚精会神地烧好自己这壶水,不要左顾右盼,看到什么赚钱都去搞,结果可能一壶水也烧不开;第二层是指要善于整合资源,帮助别人一起把水烧开,在联合中实现双赢,促进企业发展。"

他强调做强做大企业的"加减法":用减法做大企业,用加法做强产业。

谈到第二个问题,南存辉风趣地说,中国有个词语很有意思,叫作"舍

人，也要创品牌

得"，有舍才有得，小舍小得，大舍大得，不舍当然不得。在人才使用的问题上，如果舍不得散财，把所有的钱财都捂在自己口袋里，结果肯定是留不住人才。而没有了人才，就不可能聚集更多的钱财。

基于这样的认识，正泰率先在全省民营企业中推行了全员养老保险。同时，持续地关注社会公益事业，各种捐赠达2亿多元。并出资9000万元成立了浙江省首个非公募基金会——正泰公益基金会。由南存辉发起并亲任会长的乐清市民营企业扶贫济困总会，还被乐清市委书记称赞："别看这个会长很小，影响却是全国性的！"

国际竞争无处不在。南存辉认为，国际化并不仅仅是把产品卖到国外去，而是要树立国际化的思想，遵守国际化的规则，打造国际化的团队，提升国际化的能力，采用国际化的运作。这便是他对"家门口就是国际化"的理解。

对于时下炒得纷纷扬扬的外资并购问题，南存辉说，正泰不排斥外资，而且正积极"走出去"，参与国际分工与合作。但无论是哪一种形式，我们都坚持"以我为主，洋为我用"的原则。

由此引出品牌问题。

主持人问："我关注过您的很多讲话，有一句我记忆犹新：'先进的企业文化是品牌的灵魂，可靠的产品质量是品牌的保证，强大的核心竞争力是品牌的支撑。'您多次提到了'品牌'二字，您觉得品牌对于一个企业而言意味着什么？"

说到品牌，南存辉兴致盎然，一些富于哲理的语言不时脱口而出：

"品牌是企业的财富，是企业的生命。无论做什么事情，首先要考虑是否有利于品牌的塑造和维护！"

"品牌，说一千道一万，最终要看品质，看企业持续创新的能力！"

"品牌是一步一步做出来的，不是靠铺天盖地的广告吹出来的！"

"选择了创立自己的品牌，也许是一条不归路，是需要用一种人生的力量来支撑的！"

......

一事当前，别只想着自己，要多为别人着想。只有在帮助别人的同时，自己才有可能获得帮助。一个自私自利、一心只想着自己的人，到头来可能适得其反。

帮人就是帮自己

"帮人就是帮自己！"这句话几乎成了南存辉的口头禅。

南存辉说这句话，最初是受一则故事的启发。在一份《69个管理故事》的文字材料中，他独欣赏《班长与士兵》这一篇。

那故事说，在一次激烈的战斗中，敌机狂轰滥炸。情急中，班长突然发现离他不远处有个士兵忘了卧倒。班长顾不得多想，一个箭步冲了上去，把士兵按倒在地，并拼命地用自己的身体护住士兵。当敌机飞过之后，班长和士兵安然无恙。再回过头去看看，班长原来所蹲的位置已被炸起了巨大的弹坑。

好险！班长想，如果他不去救那位战士，那么他自己可能就被炸死了。而他去救战士，在把生的希望给予别人的同时，自己也躲过了近在眼前的死亡。

班长因此感慨："很多的时候，你在帮助别人的同时，其实也是在帮助自己。"

南存辉经常引用这个故事的目的，是想告诫经理们，一事当前，别只想着自己，要多为别人着想。只有在帮助别人的同时，自己才有可能获得帮助。一个自私自利、一心只想着自己的人，到头来可能适得其反。

同样的道理，南存辉还常讲一个"盲人打灯笼"的故事：

在一个漆黑的夜里，伸手不见五指。一个盲人打着灯笼，慢慢地行走在狭窄的街道上。有个路过的和尚好奇地问他，你一个瞎子，打了灯笼能看得见路吗？

他的回答很有趣："我过去从这里走过，因为看不见别人，别人也看不见我，所以经常被人撞着。自从我打了灯笼，我虽然还是看不见别人，但别人可以看见我，就不会撞着我了。"

在与和尚擦肩而过的瞬间，盲人说："你别以为我只是在照亮别人，我也在方便自己啊！"

和尚伫立良久，深为感慨："我天天在寻找佛，这就是佛啊。向善之心，便是我佛！"

……

南存辉由此引申，即便是对待竞争对手，矛盾也不是不可调和的。适当的让步或者帮助，都有可能化敌为友，为自己的发展创造良好条件。

"上帝叫我们爱敌人。"南存辉对《圣经》中这句有名的话津津乐道。

南存辉把正泰的经营理念确定为"为顾客创造价值，为员工谋求发展，为社会承担责任"，正是基于这种"帮人就是帮自己"的价值取向吧。

的确，我们在成就他人的同时，也使自己的事业和人生得到了升华。

每个人在成长的过程中考虑问题或多或少都会有些偏激。随着时间的推移、阅历的增长，很多事情都会看开了，矛盾也就自然化解了。做人要多一些宽容，得饶人处且饶人，能帮人处多帮人。

能宽容处且宽容

南存辉偶然说起的一件事情耐人寻味。

有一天，他接到一位朋友的电话，说是有件非常重要的事情要请他帮忙。见面后才知，要找他帮忙的并不是这位朋友，而是一位在当地颇有声望的企业家。其子长大成人，而且子承父业。他想让儿子报读由华人首富李嘉诚投资兴办的长江商学院 EMBA 班，学些真本领，也可接触一些有识之士，建立自己在商界的人脉。但招生异常火爆，门槛较高，很多人连报名的机会都没有，所以要请南存辉帮忙。

"老 × 和我很熟的，为什么不直接找我？"南存辉纳闷。

"他说曾经做过一件对不起你的事，不好意思来找你！"朋友说。

"对不起我的事？"南存辉丈二和尚摸不着头脑。

经朋友提醒，南存辉终于想起了他和那位企业家之间的一次"过节"。

那是二十多年前，南存辉初出茅庐，在电器行业还算是个新手。那位被他称作"老×"的企业家做了一个产品，生意很好。南存辉也在做这个产品，无形中成了他的竞争对手。

某日，一位外地来的领导邀南存辉作陪，到老×家吃饭。饭局进行了一会，老×端起一大杯酒看着南存辉，南以为他要敬酒，端起酒杯迎了上去。谁知，老×却把一杯酒狠狠地泼到了他的脸上，并借着酒兴数落起来……

场面尴尬不已！

南存辉心想，大概老×喝醉了，心里不痛快，拿我出出气吧，等他酒醒以后就没事了。他没和对方计较，抹了抹脸，站起身来先行告辞。

那次之后，因为同处一个行业，他们有过很多机会聚在一起，有时候还要面对面讨论一些问题，但谁也没有提起当年的往事。时间一长，南存辉早把曾经的不快忘记了。

"我一定要帮他把这件事办成！"

南存辉觉得，每个人在成长的过程中考虑问题或多或少都会有些偏激。随着时间的推移、阅历的增长，很多事情都会看开了，矛盾也就自然化解了。做人要多一些宽容，得饶人处且饶人，能帮人处多帮人。而不必为了过去的一点恩恩怨怨"老死不相往来"。

他亲自给商学院的院长打电话："这事比我儿子的事情还重要，请您务必帮忙！"

院长给了南存辉极大的面子，终使那位企业家的儿子如愿以偿。

越是有成绩，越要谦虚谨慎，低调做人。不要太
张扬、太"露脸"，要像沉甸甸的田间稻穗一样，
把头埋得低低的。

成熟的稻子总弯腰

在许多场合，南存辉喜欢说这么一句话："成熟的稻子总弯腰！"

比如，在公司举行的内部会议上，他常以这句话告诫经营管理人员，越是有成绩，越要谦虚谨慎，低调做人。不要因为取得了一点点成绩就沾沾自喜、得意忘形，甚至目中无人；在和一些经理谈话的时候，他常以这句话劝导别人，不要太张扬、太"露脸"，要像沉甸甸的田间稻穗一样，把头埋得低低的；在接受媒体采访时，他常以这句话来说明，办企业来不得半点浮躁，必须脚踏实地，战战兢兢，如履薄冰……

南存辉有过这样的感受："我们在创业初期，那时像初生牛犊，有点不知天高地厚，刚做出了一点成绩，就觉得自己很不错。有时说话不注意，把人得罪了都不知道。市里、县里开会，让企业领导去发言，我们如果没被安排发言，心里还有点想不通，总觉得自己的企业搞得比别人好，凭什

么不让发言呢？到后来，企业真正大起来了，人家把我们当榜样，反而不敢乱说话，不愿去发言了。为什么呢？就怕说错话，误导了别的企业，误导了刚刚创业的年轻人呀！"

　　随着企业越做越大，接受采访似乎成了南存辉的一大"负累"。除了不愿"误导别人"之外，一大原因是，他想多一些精力来考虑公司发展的事情。而纷至沓来的采访，确实在一定程度上分散了他的精力。"企业办好了，什么都好说。企业办不好，宣传得再多也没有用！"所以，在很多的时候，遇有媒体约访，他都会问手下："我是不是一定要接受这个采访呢？"遇到有关方面邀请他出席会议、论坛等活动，他也要问一句："这个活动非得要我参加吗？不参加行不行？"言下之意，如果非得接受不可的采访，他只能配合；非得参加不可的活动，他只能参加。如果可接受可不接受，可参加可不参加，那就不用考虑了。

　　有家报纸刊登过一则《"疏远"媒体的日子》的报道，讲的就是南存辉与媒体关系的这种变化。报道认为这种形式上的"疏远"，使企业对待媒体的方式更加理性，企业与媒体的关系也会朝着良好的方向发展。

　　一些朋友聚在一起，常会谈论成长与成熟的关系。南存辉引述一本书上的比喻：就好像父子下棋，儿子下赢了父亲，儿子得到了成长。儿子有意识地让父亲赢棋，儿子就成熟了。

　　成熟的稻子总弯腰。

　　"弯腰"不是示弱。"弯腰"是一种胸怀，一种精神，一种境界。

至少我们可以做到在碰到吃亏、遇到吃苦的时候，
保持一种乐观向上的心态，积极地把吃亏和吃苦
转变成明天你成功的资本。

吃亏是福

有一天晚上，南存辉和公安部门的几个朋友一起聚会。席间，有位警察抱怨说，现在想做一件善事真不容易。

南存辉问怎么回事，这位警察说有一天晚上，他们的一位同事开车经过温州五马街，在一个路口，发现有位老奶奶站在雨当中，想过马路又过不去。他便停下车，想去扶老奶奶过马路。没想到的是，老奶奶竟然说了句"非礼啊"！他马上把警官证拿出来，解释说自己是警察，是来帮她过马路的。到了马路另一侧，老奶奶非但没有感谢，反倒说了一句让他哭笑不得的话。老奶奶说："下一次不要这样啊，不要太突然，把我吓死了！"

这位警察说完这件事情，一脸的无奈。

南存辉听了，没有正面回答他，而是给他讲了一个故事：古时候，有一户人家请了一位老和尚来家里念经做祭祀。老和尚是得道高僧，名气

很大。念完经后，老和尚回去了。但那户人家发现家里少了一百两银子，他们思来想去，家里没有别人，只有老和尚来过，便认为一定是被老和尚偷走了。于是那家人便跑到山上去责骂老和尚。老和尚什么话也没说，叫弟子拿了一百两银子给那户人家。过了一段时间，那户人家的儿子从外地经商回来，告诉老父亲，说那天家里念经祭祀的时候，他走得匆忙，拿了一百两银子没有来得及告诉家里人，只能回来后再告诉老父亲。家里人一听说这事，赶紧跑到山上去向老和尚道歉。老和尚还是什么都没说。

南存辉说完这个故事，未作任何评价，警察朋友却听出了故事中的深刻含义。他说，现在许多年轻的警员总抱怨收入低，做事不被人理解，看来还是个心态的问题。他热情地邀请南存辉去公安局讲一课，帮助大家树立正确的态度。

南存辉常用这件事来说明"吃亏是福"的道理。他说，警察之所以觉得心里不平，是因为他觉得自己做了好事，得到的不是肯定和赞扬，却招来老奶奶的误解，觉得自己很吃亏。而那位得道高僧不管是面对误解还是道歉，始终能做到心如止水，是因为他早已把吃亏的事情想得很透彻。老和尚的做法，承受了别人的误解，受到了别人的责备，表面上看他是吃亏了，但最后那户人家弄清事情真相后百般道歉，更证明了他的高尚，得到了别人的尊敬。

"一般人也许很难达到老和尚的那种境界，但我想，至少我们可以做到在碰到吃亏、遇到吃苦的时候，保持一种乐观向上的心态，积极地把吃亏和吃苦转变成明天你成功的资本。这样，你的思想就不会出现太大的起伏，你的内心就会获得一种宁静，一份和谐。"

　　"吃得苦中苦，方为人上人。"南存辉说，"正泰也是在这种忍辱负重、吃亏吃苦的过程中走过来的！"

　　他据此告诫公司所有的干部和职工，一定要甘于吃亏，乐意吃苦，并在吃亏吃苦中升华我们的事业和人生。

"听懂领导半句话"，是要熟悉领导的讲话风格、生活习性、动作习惯，做到领导一开口你就知道他要说什么。有时领导一个眼神、一个手势，你也心领神会，从而主动、自觉去做好。

听懂领导"半句话"

"你们知道应该怎样当秘书吗？"

那是在成都出席第十二届世界华商大会的时候，南存辉与身边工作人员共进晚餐时有感而发，谈起了这个话题。

他说，好多年前，时任浙江省长万学远谈起，他在上海担任秘书长的时候，就如何当好秘书长请教过汪道涵。汪老讲了当好秘书长（**办公室主任**）的四句半话，前四句是：人前人后，会前会后，人云亦云——莫云，老生常谈——莫谈；后半句是：还要听懂领导半句话。南存辉认为，这种学问也可以由秘书长、办公室主任延伸到秘书的角色上。

什么叫"人前人后"？我们都知道，秘书是领导身边服务的人，处理好"人前人后"的关系是重要的工作之一，比如，领导、贵宾坐车，秘书要跑在前面给领导、贵宾开门，自己再上车。领导坐后排，秘书坐副驾驶位置；车子到点，秘书要赶紧下车给领导、贵宾开门，这个时候，秘书在人前。但在步行考察、陪同领导迎接贵宾，或者出席什么重要活动的时候，秘书要走在后面，随时听领导吩咐，叫"随行"。这个时候，秘书在人后。该在人前不在人前，该在人后不在人后，这叫错位，叫失职！

然后是"会前会后"，就是说，领导主持、出席会议或会见接待等，秘书事前要弄清楚接待安排、会议内容、提示或资料等领导需要知道的事情，要做到一一对应，别等到了会场这也不知道，那也不清楚，搞得手忙脚乱。会中，要做好要点记录，做到不插嘴、不讲话，除非领导点名要你发言。会后，秘书则要做好跟踪，对会议精神的落实，需要进行的后续工作，都要持续关注，并向领导汇报结果，不是会议开完就万事大吉了。

"人云亦云—莫云"，是指别人说过的话，提过的观点，你就别重复了。人家怎么说，你也跟着怎么说，这不是在浪费领导的时间吗？

"老生常谈——莫谈"呢？则是告诫身边的人，要经常给领导说点新鲜的、建设性的，对领导工作有推动作用或者启发作用的话，这就要求大家不断加强学习。

"听懂领导半句话"，则是要熟悉领导的讲话风格、生活习性、动作习惯，做到领导一开口你就知道他要说什么。有时领导一个眼神、一个手势，你也心领神会，从而主动、自觉去做好。

南存辉由此引申："不仅是秘书工作如此，所有的服务工作都不能掉以轻心，要重视全局，也要重视细节；要重视结果，更要重视过程。"

向员工"汇报"

谁不知道"汇报"一词主要用于下级向上级反映情况呢？可南存辉无论对上对下，总是把"汇报"挂在嘴边。见领导，他说"汇报"无可厚非；见同级，他说"汇报"，似乎也没什么不可。但当他面对自己手下甚至是普通员工说出"汇报"时，听的人就有点不自在了。

刚开始员工听到南存辉说"我向你汇报一下"时，心里颇有些忐忑，还以为自己做错了什么，惹老板不高兴了。但后来见他对谁都这么说时，也就释然了。

他在公司的一次中层管理干部会议上讲话，照理说该叫作报告，可他一上台就说："我向大家汇报几个方面的问题。"那天，他在会上讲到公司的价值观，正泰的企业精神里有一条叫"谦学"，他对此作了诠释："什么是谦学？就是要以谦虚诚恳的态度去学习，向领导学，向专家学，向同行学，向下属学，甚至向我们的对手学。这就需要我们把身段放低些，不要那么高姿态，认为自己有多么了不起，其实没有什么了不起的。就说和人打交道，你去向领导说件什么事情，你说去汇报，他会觉得你尊重他，对你就会有好感；对同级的人说汇报，对方也会觉得你有涵养，很客气；对下属说汇报，他们会觉得连领导都这么谦虚，自己还有什么理由不谦虚呢？因此也会对他们的下属和同事谦虚。这种连锁反应，带来的效应是显而易见的。如果我们都用一种谦卑之心对待他人，大家都对你有好感，遇事都愿意帮你，有什么事情干不成？"

除了"汇报"，南存辉最常说的是"请教"。他认为，很多事情不知道、不明白，去问别人，如果你的话是"请你告诉我"，别人高兴的时候可能告诉你，不高兴就不告诉你，人家凭什么告诉你呢？但如果你说"向您请教"或者"请您指点"，结果就完全不一样了。

有件事最能说明"汇报"的妙处。一次，中央电视台一个摄制组到公司采访南存辉，按照节目要求，正式录制前需要做一次沟通，以便达成采访者与被采访者之间的默契。但因南存辉临时主持一个会议，迟迟未能露面。记者们开始有些不耐烦了，以为南存辉不重视他们。

"我们可不是什么杂牌媒体，也不是什么杂牌记者！"节目组负责人王先生说。

公司接待人员尽量说好话缓和气氛。

等到"花儿都谢了"的时候，南存辉急匆匆地赶了过来，连声道歉，并说："王老师大老远赶来帮我们宣传，我本来要早一点向大家汇报的。没想到上面临时安排了一个会，而且由我来主持，实在分不开身。会议刚刚结束，我向领导请求不去吃中饭了，先过来向各位请教，让大家久等了，实在抱歉啊！"

一边说着，南存辉一边拿出纸笔。"王老师"开始介绍这次来访目的、背景和重要性，语气中带着些许不愉快。南存辉始终和颜悦色，耐心倾听，并在纸上不停地记着。说着说着，"王老师"和几位记者都笑了起来，谈话气氛变成十分轻松。末了，"王老师"说，"我们本来想马上就拍摄的，但南董这么辛苦，还没吃饭，您还是先去吃饭，稍事休息一会我们再采访，效果会更好些，您也不用那么累。"

此次采访圆满完成，皆大欢喜。

事后，这位"王老师"感慨地说："等了这么久，我们确实是有点不高兴的。但看到南存辉这么忙，饭都顾不上吃就跑来见我们，口口声声称我为老师，又是汇报又是请教的，而且一个大老板还亲自做笔记，这太让人感动了，我们也理解了他的不容易！"

你可以说自己所属的产业、行业怎么样，但不可以因为要突出自己的产业、行业而贬低别的产业、行业。

说自己好，不说别人不好

大概在十年前，南存辉被列为 CCTV 中国经济年度人物候选人。按程序，央视先派出编导、制片人前来，进行前期沟通。交谈的时候，对方不时问起正泰竞争对手的情况，并希望他对几家竞争对手进行评价。他连连说："我们都忙着自己的事情，不大了解其他企业的情况。企业经营思路没有对错，只有适合与不适合，我不好对别的企业进行评价！"

之后，南存辉多次对手下工作人员说："你们要掌握一条原则，遇到媒体来采访，我们只说自己好，不说别人不好。他们想知道其他企业尤其是我们竞争对手的情况，建议他们自己去采访，我们不作评价。"

对产业、行业同样如此。你可以说自己所属的产业、行业怎么样，但不可以因为要突出自己的产业、行业而贬低别的产业、行业。

有一次，南存辉应邀出席在新疆乌鲁木齐召开的上海合作组织工商企业峰会，并作为中国新能源领域的代表在会上发言。正泰从事的是太阳能光伏产业，南存辉的发言当然主要围绕太阳能光伏产业来阐述。在准备讲稿的时候，他反复琢磨，既要把光伏产业的优势、前景描述出来，借以引起政府部门的高度重视，从而给予大力扶持，又不要刻意贬低其他新能源，如风能、核能等行业的地位和作用。

"我们在内部进行讨论的时候，可以对比分析，指出各种能源的优、劣势，但在公开场合，尽量只讲自己的行业，不讲别的行业，尤其是不要做对比，强调谁好谁不好。因为话说出去可能会影响国家政策导向的，我们不能砸别人的饭碗！"南存辉说。

结果，他在发言中作了这样的表述："发展绿色经济，优化能源格局，转变能源生产和利用方式，已成为世界各国应对气候变化，实现可持续发展目标的共识。太阳能光伏发电，因其节能、环保、安全、与环境友好及成本持续下降的特点，成为能源格局优化中的一支重要的力量。在欧洲和中国等国家的政策推动下，全球光伏装机以年均30%～50%的增长率快速发展。"将太阳能光伏发电称为能源格局优化中"一支重要的力量"，既说明了太阳能光伏发电的重要性，又避免了对其他能源的"打压"。

埋头做事，把困难留给自己，把功劳都让给别人。时间久了，领导自然对你比较放心，觉得你是个可以培养的人，有学习的机会都会给你，有锻炼的机会都会给你，有发展的机会首先会想到你，同事也乐于和你合作，乐于说你的好话，有什么事情办不好的？

把功劳让给别人

"正泰的企业精神中，最重要的一条是谦学。什么是谦学？就是要谦虚谨慎，要始终保持虚心向别人学习的态度！"南存辉常常告诫身边工作人员。

他举例说，平时在工作上做出了努力，取得了成绩，表现低调一些，别处处表白，生怕别人不知道你干了什么。要懂得谦让，有人问起，你说是领导的功劳，说是其他同事的共同努力。埋头做事，把困难留给自己，把功劳都让给别人。时间久了，领导自然对你比较放心，觉得你是个可以培养的人，有学习的机会都会给你，有锻炼的机会都会给你，有发展的机会首先会想到你，同事也乐于和你合作，乐于说你的好话，有什么事情办不好的？

谈到企业的发展，他也时时不忘归功于"各级领导"。

有一次，在起草一份质量月总结会议的讲话稿时，他在文中写了这样一段话："去年以来，随着欧债危机的深化，国内外的经济下行压力较大，对于实体企业，特别是制造业企业而言，更是如此。据我所知，我们乐清有很多同行，做几个亿的业务都不赚钱，有许多蛮优秀的企业还面临着破产、重组等问题。反观正泰，却是风景这边独好。正泰的好，源于各级政府及质量管理部门的领导专家对正泰的指导帮助；源于公司上下质量意识不断提高，视质量如生命；源于质量管理等各项基础工作日益扎实牢固。借此，我代表公司董事会向所有关心支持正泰质量事业的各级领导、监管部门表示诚挚谢意！向为正泰质量事业付出辛勤汗水的全体员工表示衷心感谢！"

工作人员不太理解，认为这只不过是公司内部一次工作会议，并没有政府领导出席，为什么要这样"八股"、这样面面俱到呢？

他解释说："领导在与不在，我都是这样想的。我们工作上取得的成绩，确实是离不开主管部门的指导帮助和方方面面的努力。我的讲话他们可能听不到，但通过我们的企业报刊登出来，如果相关部门的领导看到我们时时处处不忘他们的关心帮助，心里会怎么想？我想，他们会觉得我们是个不忘本的企业，是个懂得感恩的企业，因而对我们更加关心，支持力度会更大、更到位。对员工也一样，我在会上肯定他们，把功劳归于全体员工的努力，他们会更有信心、更有责任把工作做好啊！"

雨伞说，我被众人举过头顶，是要替大众遮风挡雨。
稻穗说，我垂首弯腰，是对大地的感恩。我们要
学雨伞，做稻穗，懂得感恩，与人为善；助人为乐！

学雨伞，做稻穗

"雨伞说，我被众人举过头顶，是要替大众遮风挡雨。稻穗说，我垂首弯腰，是对大地的感恩。我们要学雨伞，做稻穗，懂得感恩，与人为善，助人为乐！"

这是南存辉在浙江正泰太阳能科技有限公司 2011 年年会上的一段结束语。

南存辉是在回顾一年来太阳能公司取得的成绩后说这番话的。

他说："正泰的太阳能产业 2007 年开始起步，2008 年就遇上了全球性的金融危机，2010 年又遇上了欧债危机，可以说是危机多多，困难重重。但我们一向认为，危险和机遇并存，所以我们一路坚持下来了。2011 年我们计划销售达到 500 兆瓦，开始大家觉得不可思议，全球光伏产业那么不景气，产品大量积压，国内光伏企业一半以上没有了订单，我们能完成

400 兆瓦就不错了，怎么可能做到 500 兆瓦呢？基于这种情况，我们于 5 月份召开经营班子会议，提出了'安全过冬，跨越发展'的方针，既要稳扎稳打，安全'过冬'；又要抓住机遇，跨越发展。班子主要成员亲自坐镇，帮助大家战胜各种困难，特别是战胜了恐惧心理。结果，订单不降反增，产能不减反加，自己工厂忙不过来，只好委托别的企业帮忙加工。我们全年居然完成了 530 多兆瓦的任务，不是一般的完成，而是超额完成。而且，经过这一轮大洗牌，正泰太阳能成了生存下来的为数不多的优秀企业之一。回过头去看看，假如当初我们一心只想着'过冬'，而不思'跨越'的话，哪里会有现在的业绩。"

"用国家领导人的话来说，2008 年是最困难的一年，2011 年是最复杂的一年，接下来的 2012 年，虽不像电影里说的那样是世界末日，但肯定是最困难、最复杂、最捉摸不定的一年。我们同样要有决心、有信心战胜困难，完成预定的各项方针目标。"

信心来自哪里？南存辉认为，人赢就赢在观念，输也输在观念，观念决定思想，思想决定思路，思路决定出路。

他重申了他在多个场合说到的"四个不动摇"：坚持主业发展不动摇；坚持科技创新不动摇，坚持品牌营销不动摇；坚持以人为本、价值分享理念不动摇。

在科技创新上，他强调做好市场导向下的技改工作，通过有效技改，让效率上去，成本下来，彰显产业链的优势。"不改等死，瞎改找死。""专利很重要，科研论文很重要，但实实在在的成果更重要。"

在品牌营销问题上，他强调通过投资工程总包带动与构建全球营销网络，彰显商业模式创新的优势。

在企业管理创新的问题上，他强调不断推进企业管理的制度化、机制化、规范化，要靠法治，不靠人治。

"如果我们能做到技术水平最高，产品质量最可靠，快速响应能力最强，成本又最低，这四种优势叠加在一起，还担心没有市场，担心玩不赢？"

南存辉感慨地说，正泰太阳能取得的一系列成绩，当然是企业自身努力奋斗的结果，但也离不开国家政策的扶持，离不开相关领导相关部门的帮助，离不开母公司正泰集团在资金、管理等方面的支持。"对于每一位员工而言，我们的任何进步同样离不开方方面面的关心、支持、帮助和引导。所以，我们在回顾过去、规划未来的时候，最不能忘记的是感谢、感恩，最应该说的是感谢、感恩。"

他希望公司在脚踏实地稳步发展的同时，努力培育、形成一种和谐、包容、感恩、奉献的文化。于是，引出了本文开头那句话。

> 一个人的道德修养达到了即使没有人监督也不自
> 欺的"慎独"境界，才算是真正的"诚信"。

慎独才是真诚信

在温州第九个"诚信日"来临之际，南存辉受邀参加温州电视台推出的一期特别节目，主题是"信用温州从信出发"。

访谈中，南存辉举了几个例子——

第一个例子说，东汉名臣杨震在赴任东莱郡太守的途中，经过一个叫昌邑县的地方。这个县的县令王密是他过去推荐的秀才，一直想找机会报答他。于是，王密深夜带了十斤黄金私赠杨震。

杨震说："老朋友了解你，你却不了解老朋友，这是为什么呢？"

王密回答："现在是深夜，没有人知道。"

杨震说："天知，神知，你知，我知，怎么说没有人知道呢？"

王密听了这番话，很羞愧地走了。

南存辉用这个例子说明，一个人的道德修养达到了即使没有人监督也不自欺的"慎独"境界，才算是真正的"诚信"。

第二个例子说，古代有个叫曾子的人。有一次，他的妻子要去集市，儿子哭闹着要跟着去。曾妻哄儿子说："你就在家里玩，等我回来后杀猪给你吃。"

当妻子从集市回来，看见曾子准备杀猪，连忙阻止说："我只是跟孩子说着玩的。"

曾子说："不能同小孩开玩笑的，孩子年纪幼小，没有辨别能力，会模仿父母的行为，听从父母的教导。今天你欺骗他，就等于教他学你那样骗人。母亲欺骗自己的孩子，孩子就不会相信自己的母亲。"

于是，曾子杀了那头猪给孩子吃。

南存辉用这个例子说明，一个人不但要做到不自欺，还要做到不欺人。即使是对一个孩子也要信守承诺，不可当儿戏。

第三个例子说，在南存辉自己还小的时候，家里很穷，父母经常到邻居家借粮借番薯来充饥，邻居有时也会到他们家来借些别的什么东西，却从来不见他们打借据。父亲说，低头不见抬头见的近邻之间是不需要什么借据的，因为大家彼此信任，老祖宗就是这样传下来的。母亲还给他讲了"牛皮写字人老实"的道理。意思是如果做人不守信，就算把这件事情写在牛皮上磨不掉都没用，大家都是本分善良的老实人，肯定会把欠人家的东西时时刻刻记挂在心头的。

"一等人说了算，二等人写了算，三等人说了写了都不算！"父母告诉他，真正讲信用的人，写不写借据都是一样的。

南存辉用这个例子说明，一个人心里有诚信，在什么样的情况下，都是应该坚守的。

第四个例子讲的是他在美国的一次经历。

那是很多年前，南存辉在美国一家银行交了 5000 美元的押金，办了一张信用卡。因初到美国，不知道相关规矩。他办了信用卡后，刷卡消费了 160 美元，然后回国。他想的是，他已存了 5000 美元的押金，应该不存在透支的问题。其间银行寄了还款通知单，但因他已回国，无法送达他的手上。等到下一次去美国的时候，因为办公司，需要租赁一个仓储。价钱谈得差不多的时候，却被告知不能租给他，原因是他在银行有失信记录。而按照美国法律，一个人只要有失信记录，那是办什么事都要受到限制的。

南存辉跑到银行问明情况，这才明白，押金是押金，消费是消费。他消费了 160 美元，而没有在规定的时间内补上，就算是信用卡透支了，所以有了失信的记录。事已至此，南存辉赶紧说明自己不知道这些规定，并按相关程序补办了手续，这才消除了不便，恢复了正常，否则真的是寸步难行。

"不是说美国什么都好，美国也有不诚信的事情发生。但据我所知，出现此类不良行为的企业和个人，最终都遭到了应有的惩罚！"南存辉说。

他由这个例子说明，健全的社会监督机制和信用管理体系，何其重要。

基于这些例子揭示的深刻道理，南存辉自然而然得出了他的结论：推进信用建设，一是要加强教育，提高人的思想认识和道德素养；二是要建立完善的信用评价体系，让个人和单位的信用情况有案可查；三是政府要通过立法，加强监督管理，让守信者受奖，失信者受罚。

而在三者之间，他认为最基本、最重要的是人的道德素养的提高。因此，必须将这一条作为重中之重，要让诚信意识像"牛皮写字"一样深深地刻在每个人的心里。若再加上完备的社会信用体系和监督奖罚机制，那么，"信用温州"乃至"信用中国"的目标，完全可以实现。

在我们正泰，没有最大和最小。最大也是最小，每个人都应该有小指头的姿态，保持谦虚、低调、和谐、礼让，以善良的心对待他人，以平和的态度对待财富，以虔诚的思想对待我们心中的佛（事业）。这样，我们的路才会越走越宽，力量才会越来越强大！

谁离佛最近

这是南存辉在正泰集团一次内部务虚会上转述的两个故事，故事的原创是台湾的星云法师。

星云法师曾在大陆参加了两次佛教大会。第一次大会，主持人请他用五分钟讲述一个道理。第二次大会，主持人请他用两分钟讲述一个道理。

在那个五分钟的讲述里，星云法师说的是：一个寒冷的冬天里，有一户人家，丈夫上班去了，儿子、女儿上学去了，留守的女主人收拾完家里，出门要倒垃圾，开门一看，冰天雪地之中，站着四个冷得瑟瑟发抖的老人。女主人顿生恻隐之心，要请他们进屋避避雪，喝杯热茶暖暖身。几位老人说，你男人不在家，我们不方便进去啊！

好不容易等到丈夫、孩子回家，女主人赶紧出门邀请几位老人。老人又说，我们有个规矩，你只能请我们当中的一位进屋，我们几个人的名字

谁离佛最近

分别叫健康、财富、平安、和谐，你和你的家人商量一下，请谁进去。女主人回屋把老人们的规矩一说，一家人便嚷嚷开了：女主人说要请平安，老百姓居家过日子，只求平平安安；丈夫说要请健康，身体健康比什么都重要；儿子说要请财富，人生一世，钱财二字，有了财富，就有了保障；女儿说要请和谐，她只希望一家人和和睦睦，开开心心。最后商量的结果，因为女儿最小，大家都尊重她的意见，请和谐老人进家。

令一家人诧异的是，和谐老人前脚刚进门，健康、财富、平安几位接踵而至。

女主人开心不已，笑问老人："你们的规矩不是只能请一位吗？"

其中一位老人回答："可我们还有一个规矩，如果你请了和谐之外的任何一个人，请谁谁就进去。但请了和谐，健康、财富、平安都得跟着进去，家和万事兴啊！"一家人恍然大悟，庆幸请了和谐老人，有了和谐，这下健康、财富、平安也有了，皆大欢喜。

在那个两分钟的讲述里，星云法师说了五个指头的故事：拇指说，我是老大，什么都是我说了算，所以我最重要。大师一边说，一边伸展着大拇指。食指说，你们到哪里都得听我的，没有我便没有方向，所以我的作用最大。大师一边说，一边用食指指指点点。中指说，我最高、最长，能力都在诸位之上，所以大家都离不开我。大师一边说，一边伸直了中指。无名指说，别看我叫无名指，其实最有面子，戒指都戴在我身上，所以我最富有，也最宝贵。大师一边说，一边掸掸无名指。轮到小指头，先是低头不语，半晌，他说，比起几位兄长，我最小最矮，没有什么优势，但当我们合掌拜佛的时候，我是离佛最近的一个。大师一边说，一边欣赏着自己的小指头……

两个故事，前者强调和谐，后者强调谦虚。

南存辉有感而发："我经常讲三句话：听中央的，看欧美的，干自己的，就是听、看、干。听、看，大家都明白。干也在干，但要干好，前提是心态要好，要清楚为什么干，怎么干。在这里，上进心、平常心非常重要。我觉得在我们正泰，没有最大和最小。最大也是最小，每个人都应该有小指头的姿态，保持谦虚、低调、和谐、礼让，以善良的心对待他人，以平和的态度对待财富，以虔诚的思想对待我们心中的佛（事业）。这样，我们的路才会越走越宽，力量才会越来越强大！"

需要说明的是，正泰集团的这次务虚会，开于 2010 年 1 月 13 日。集团旗下子公司"正泰电器"刚刚获准 A 股上市，媒体上关于正泰"财富神话"的传说不绝于耳。大股东、小股东、非股东心态各异，五味杂陈。南存辉说这两个故事，意在告诫大家，不要被眼前的"纸上财富"所迷醉，而要保持清醒的头脑、奋进的动力，要保持平和的心态、健康的心理、谦虚的态度，尤其是要搞好团结，凝聚人心。他在这次会上明确提出，要关爱员工，切实关注并改善员工的居住、医疗、购物、饮食、娱乐、社交、子女教育等环境，形成有自己特色的和谐向上、快乐健康的"正泰生态圈"。

星云法师的这两个故事，许多人并不是第一次听到。但南存辉在这样的背景、这样的场合下讲出来，还是让大家记忆犹新，并深深地触动。

> "做天难做四月天，谷要温和麦要寒。出门望晴农望雨，采桑娘子盼阴天。"意思是说，连人们以为至高无上、无所不能的老天爷都不能满足所有人的需要，何况芸芸众生呢？

做天难做四月天

有一次，记者采访南存辉，问了他一个问题："有位研究经济的朋友几乎是愤怒地说，温州经济从 2004 年开始就出现了拐点，这些年基本上是一路下滑，没有翻身的迹象。他认为温州的问题就是浙江的问题，而浙江的问题也是中国经济即将出现的问题，他为中国经济尤其是民营经济的未来深深忧虑。你作为浙江的一名企业家，对这个问题怎么看待？"

南存辉笑笑，说他没有像这位研究经济的朋友那样深入观察，也没他研究得深透。这位朋友说的也许是事实，他的忧虑也在情理之中。

"但没必要愤怒！"他说，国家大了，很多问题都可能会存在，有了问题怎么办？当然要反映问题，然后是促成问题的解决。有些问题不是一天两天解决得了，也不是一个人两个人解决得好的，需要一个过程，需要有点耐心。作为一个企业，我们首先要做的不是愤怒，不是抱怨。愤怒会伤身，抱怨也无益，那就应该积极面对。国家大事我们管不了，但我们可以尽力做好自己的事情。如果人人都不是去抱怨，而是尽力把自己的事情做好了，很多问题也许就不成为问题了。

"意见要积极去提，工作要努力改进。"南存辉认为，这是作为企业家应该有的态度。

南存辉说，他很推崇国学大师南怀瑾老先生，从他身上得到了很多启发。有一次，南怀瑾随口念了一首小诗："做天难做四月天，谷要温和麦要寒。出门望晴农望雨，采桑娘子盼阴天。"意思是说，连人们以为至高无上、无所不能的老天爷都不能满足所有人的需要，何况芸芸众生呢？

对于现实生活中的种种不公平现象，南存辉说，不公平是永远存在的，这不是童话世界，而是活生生的现实。遇到不公平怎么办？一是要努力改变，二是要甘愿"认命"。能够改变最好，不能改变就得"认命"。"认命"不是自暴自弃，而是顺其自然，保持良好心态。

但他又认为，人的"运势"是会变化的，今天的成功不等于永远的成功，今天的得势不等于永远得势。如电影《阿凡达》所言，人的能量是借来的，最终还是要还回去的。

他进而谈到，人之所以烦恼，多是贪恋心使然，名利心使然，抱怨则是人对种种烦恼的外在反应。比如说财富，有钱好不好？当然好，但追逐过度了就不好。南怀瑾见到他，常说的一句话是："赚那么多钱干什么？"

南老先生有个著名的"财富五有观"，即：王者所有、盗者所有、灾害所有、祛病所有、恶子所有。他直言："很多人的一生，第一为官，第二为财，最后都进了棺材。"

南存辉引述这些话，以说明贪恋心太强、名利心太重其实是没有什么意义的。抱怨，更不是一个人的明智之举。

没有什么事情是放不下的。一时放不下，可能是
欲望太多，总是嫌不够，总是不断往里装，装满了，
再也装不下去，不放下也得放下了。

放 下

面对尘世间的诸多烦扰，佛家主张"放下"，认为"放下即是快乐"。但对芸芸众生而言，要真正放下，谈何容易。

有一天，南存辉谈到了这个话题。

"我想借两个故事来谈谈正泰企业文化的传承问题。"他说，第一个故事，从前有个秀才总感觉很困惑，去请教一位禅师，得到的答案都是：放下。

秀才不解，禅师问："你每晚做梦吗？"

他点头。

禅师又问："梦都是一样吗？"

他摇头。

禅师笑说："你睡了千万次，梦了千万回，结束的方法都是一样的，

那就是：醒过来。"

秀才叹息："知道容易做到难。"

禅师让他举起茶杯，然后倒开水给他，水满则溢，烫手，秀才赶紧放下。

禅师说："痛了，自然就放下了。"

这故事说明什么？说明没有什么事情是放不下的。一时放不下，可能是欲望太多，总是嫌不够，总是不断往里装，装满了，再也装不下去，不放下也得放下了。

南存辉继而说到，"何须待零落，然后始知空"，请大家记住这句话并好好理解。佛家的"空"是很有哲学意味的。"我去太湖大学堂学习时看到墙上挂了副对联：此是选佛场，心空及第归。南怀瑾先生说，到这里来学习，我就告诉你一件事，就是要把袋里的东西清空，不要自以为是，不要自满，满了，就装不下东西了，只有空了，才能装得下新的东西。我的理解，空，就是要谦虚，正泰的企业精神中有一条叫'谦学'，谦虚才能学得进去。学，然后知不足，只有学习才能使我们进步。学习很重要，爱因斯坦曾说，知道的东西越多，未知的东西就更多。就像一个大圆圈和一个小圆圈，小圆圈代表知道的不多，圆圈外不知道的也不多。大圆圈周长大，代表知道的东西多，但不知道的也更多。所以一定要谦学。而学会放下，才会学到更多东西。"

第二个故事，南存辉讲的是相敬的道理，这也是正泰企业精神中的一项重要内容。

他说，安徽桐城有一条著名的"六尺巷"，这条巷子是清代留下来的。当时有位宰相叫张英，隔壁邻居要在他家边上造房子，因为一堵墙不肯让步，张英的家人写了一封信，派人连夜送到京城告诉老爷说隔壁邻居造房子要占他们的墙。张英收到后，在回信中写了四句话："千里修书只为墙，让他三尺又何妨。万里长城今犹在，不见当年秦始皇。"家人收信后随即让出三尺。邻居一看，人家作为当朝宰相，官高势大，都能主动退让三尺，那我不能不讲道理，也退三尺。于是，就有了这个"六尺巷"，数百年来一直传为佳话。

南存辉说，这个故事说明，没有什么大不了的事情是不可调和的。同事之间，上下级之间，如果为点小事你不服我，我不服你，你不让我，我不让你，这就很难把问题处理好。

但他同时强调，我们讲和谐，不是你好我好大家好，"和稀泥"式的一团和气，而是为了共同的理想，共同的事业，团结协作，同舟共济，对和自己意见不同的人要有包容的胸怀。你尊重我，我尊重你，互相尊重，相互促进，才能和谐得起来。

放下一些欲望，放下一些恩怨，更要放下一些傲气，放下一些抱怨，以谦虚的姿态对待未知，以平和的心态待人处事，这是南存辉所言"放下"的题中之意。

对于有些说不清道不明的事情，对证是永远对不清楚的，你需要的不是对证，而是要让时间去证明自己！

谣言止于智者

很多媒体采访南存辉，问及他在创业过程中，最令自己痛苦的事情是什么，他总是不由自主地想起 1993 年前后发生的一件事。

那正是他事业蓬勃发展的时候。几乎是在一夜之间，种种关于他的流言蜚语纷纷袭来。有人说他企业倒闭了，有人说他逃跑了，说什么的都有。每天骚扰恐吓电话不断，甚至有人把炸弹放到了他的厂房门口，大有"山雨欲来风满楼"之势。

他被这突如其来的风波搅得日夜不安，每天不得不拿出很多时间向关心他的人们耐心解释。

"那时，每天至少要讲 100 遍重复的故事！"南存辉说。

他四处请教应对之策，有人说，任凭风浪起，稳坐钓鱼台。君子坦荡荡，让人说去吧。有人说，人从死亡倒过来想，如果连死都不怕，还怕谣言吗？

有人说，谣言止于智者，干好自己的事情最要紧，不要去理会，更不要去对证。一位对他关怀备至的老人还告诉他："对于有些说不清道不明的事情，对证是永远对不清楚的，你需要的不是对证，而是要让时间去证明自己！"

于是，他不再去理会别人如何说三道四，静下心来努力工作。渐渐地，风停了，雨住了。那些个愉快的日子随之烟消云散。

南存辉从这件事得出的感悟是，面对别人的误会乃至造谣中伤，我们应该保持平静的心态，让时间来证明一切，这或许是最好的办法。

强调生命单纯，强调内心丰富而宁静，这正是人生应有的境界。

一张报纸读出"味"

温州"记者花苑"老板郑建美女士托人转交一张报纸给南存辉。

她说得很真切："我们花店刚开张那几年，南董家里和公司里有什么事，他还亲自来买过花，给了我们生意上的很多照顾，也给了创业之初的我很大鼓舞。我知道南董爱学习，所以看到好的东西，我愿意和他这样的成功者分享。"

报纸是复印件，可见郑老板送了不少人，南存辉是其中之一。

报纸的内容，是一篇《听周国平谈人生境界——生命单纯，内心丰富而宁静》的文章。

文章开宗明义：现代人的心态，正处于一个很不健康的状态：生活很复杂，每天总有让人焦头烂额的事；斗争很激烈，周围的慈眉善目随时可能成为对手；内心很焦虑，忙碌半辈子，房子、车子仍无着落。人是怎么了？这个社会怎么了？无论从人类，还是从个人来说，什么样的生活才算是有意义、有品质？周国平说："我认为人活个境界，这是判断我们生活质量的最重要标准。人生的境界我用三个词来概括：单纯、丰富、宁静。老天给我们一条命和一颗心，人生的使命就是把生命照看好，把灵魂安顿好。"

接着，周国平从几个方面来阐述自己的一些观点。

"生命越单纯越好。"作者说，这个时代，人们遭遇的最大迷雾，是混淆了生命本身的需要和物质欲望。从金钱角度说，生命本身并不需要奢侈的享受。大家之所以在拼命追求金钱所能满足的需要，是为了满足虚荣心。所以，我们应该把生命本身的需要和物质的欲望区分开来。物质欲望，是社会刺激，人与人之间攀比而来的。人要保护原初的真性情，不要让物质过度损害了生命。

"幸福的最高境界：平凡生活。"他说，我们应该正视平凡的生活。我们大部分人的生命不会是可歌可泣、轰轰烈烈的，而只是由平凡组成。这种平凡的生活，包括心情、人与人之间的交流，踏实地做自己喜欢做的事，它们构成了人类生活的基础和核心。

"找到心灵所向，灵魂才能宁静。"他说，一个人生活在这个世界上，必须有自我认识：你想要什么，能要什么，什么东西对你是最好的，一定得想想这个问题。

"人生的意义，发现自己喜欢做的事。"他说，人人都有心灵的家园。它有两层含义：内在的，就是丰富的心灵，丰富的精神生活。还有一个外在的，就是你在这个世界上一定要有自己真正喜欢做的事情。怎么着才能有真正感兴趣的事情？一条是学习，一个人任何时候学习都不晚，真正的学习远远不止在学校那几年光景。另外一条，是要好好问问自己，兴趣到底在什么地方，想明白自己到底要什么，想清楚自己的内心所向，再加上知识的积淀，你的人生不会黯淡，你的灵魂不会浮躁。

……

不用说，这是一篇关于修身养性的好文章。

南存辉拿到这篇文章后，竟爱不释手，认真阅读起来。

"这内容很好呀，能不能多复印一些，送给公司高层领导学习！"南存辉说，"现在我们号召全员学习，公司高层应该带头。学什么呢？除了工作需要的专业知识外，像这类有益于身心健康的东西更要学。这篇文章强调生命单纯，强调内心丰富而宁静，这正是人生应有的境界。我希望大家都修身养性，懂得正确的待人处世原则，树立健康的、良好的心态，这有利于个人的成长和公司的发展。"

花店老板得知南存辉看过这份报纸后的"心得"，她很高兴。她说，一个成功企业家，不但自己注重学习，还要求下属一起学习、修炼，非常难得，非常可贵。

她为南存辉的这种精神感动，也为她自己的行为感到欣慰……

> 知道自己应该达到什么样的目标才能够使自己志
> 向坚定，志向坚定才能够镇静不躁，镇静不躁才
> 能够心安理得，心安理得才能够思虑周详，思虑
> 周详才能够有所收获。

知　止

在一次大学生创业座谈会上，一位学生问南存辉："您觉得我们大学毕业后，如果想创业的话，应该怎么做？能不能给我们一些建议？"

南存辉随口搬出了《礼记·大学》中的一段话："知止而后有定，定而后能静，静而后能安，安而后能虑，虑而后能得。"

什么意思呢？他说，知道自己应该达到什么样的目标才能够使自己志向坚定，志向坚定才能够镇静不躁，镇静不躁才能够心安理得，心安理得才能够思虑周详，思虑周详才能够有所收获。

"这里说的知止，即明白自己应该做什么，不应该做什么，要懂得适可而止，不能万事求全，欲望不可无限。这就告诉我们，在选择人生目标的时候一定要切合实际，不能好高骛远。"

南存辉现身说法："像我，当初读书不多，开始创业的时候只是想什

么能挣钱养家就做什么，所以我最初是给人修鞋，然后选择了进入门槛相对较低的低压电器。当时绝对想不到，也不敢想什么高科技，更不知道什么叫互联网、电子商务。你们现在就不一样了，你们是大学生，有专业知识，起步基础也好些，可以有更多的选择。但也不是什么都可以干，还得考虑自身的兴趣爱好，考虑自己能够获取和运用的资源！"

他提到，正泰发展到一定规模，有一定知名度后，很多人也劝他走多元化之路，投房产、投矿产、投 IT，投这投那，反正都是赚大钱、赚快钱的生意。他却觉得，每一个行业都有大学问，都需要投入巨大的财力、精力，不是谁都可以进去赚一把的。就算能赚，会不会顾此失彼，捡了芝麻丢了西瓜？所以他没去投，而是"一心一意做制造，聚精会神创品牌"。后来他常对人说"赚钱第一，不是唯一"。不是"唯一"，就是"知止"，就是要懂得取舍。

其间有位学生说："我想创业，但不想做制造业，那太辛苦，又赚不了几个钱。可是想做 IT，想做电商，这些行业也挤满了人，不那么好做。"

南存辉直言："那你不适合创业，你最好去找一些相对安稳的工作来做，或者去考公务员，或者到企业打工。"

另一个学生则说出了自己的困惑："我是大一学生，我家也是办厂的，我本来想学经贸专业，将来可以派上用场，却被调剂到了法学专业，我不知道这个学了对我办企业有什么用！"

"你是身在福中不知福啊！"南存辉说，"法律知识在当今社会越来越重要，越来越吃香。而且法学和其他很多学科都是相通的，学了法学，再来补补经贸方面的知识，会比较容易些。你家自己办厂，有个懂法律的还真是个得天独厚的优势，它会让你少走许多弯路，少冒许多风险。"

由"知止"引出的一番讨论，让立志创业的大学生们受益匪浅。

> 我已经三年没吃一粒药了。没生什么大病，偶尔有个头痛感冒之类的，靠自己调理，一出汗就好了。我刚到上海的一家医院体检，健康状况良好！

修身即健身

"繁忙的工作之余，别忘了锻炼身体！"

在公司大大小小的会议上，南存辉常会这样告诫大家。

众人皆知，南存辉很忙。曾有媒体报道说，南存辉一年之中，大概有三分之一的时间在国外考察，三分之一的时间在国内其他地方参加商务或社会活动，三分之一的时间在公司处理重要事务。一年 365 天，差不多一半的时间都在天上飞。人们出行，习惯"打的"。而"打飞的"，几乎成了南存辉的家常便饭。

但一个不容忽视的事实是，南存辉精力很充沛，工作起来像个"拼命三郎"。对此，他的解释只有一个原因，就是注重保健，加强锻炼。

南存辉自云，他小时候爱好运动，游泳、打球等，都是他比较喜欢的项目。创办企业之后，工作常常夜以继日，没有成块的时间参加体育活动。

但这并不影响他对身体健康的重视。

有一段时间，南存辉乐此不疲地向下属推荐吴清忠的《人体使用手册》和中里巴人的《求医不如求己》。他对书中介绍的"一式三招"（敲胆经、按摩心包经、早睡早起）很是推崇，认为这是一套行之有效的保健方法。

"大家工作都很忙，早睡早起不一定都做得到。但这是一个基本的健康理念，大家有这个意识，能早睡尽量早睡，不要无节制地熬夜，尤其是不要一高兴，喝酒喝到大天亮，一夜笙歌达通宵。而敲胆经、按摩心包经，随时随地都可以，也花不了多少时间，完全可以做到的。长期坚持，一定会有好的效果！"他勉励大家。

他身体力行，有时还给身边工作人员做示范。

除此之外，他还选择其他方式的锻炼与养生。有一次，《浙江日报》记者就企业如何转型升级的话题采访时，见南存辉手里拿着一份打印的材料，时不时还低下头瞟上一眼，记者还以为是与采访话题相关的什么重要内容。

记者好奇地问："可以给我看看吗？"

南存辉笑着递过材料，结果出人意料，原来是从网上下载的一篇《静坐与养生》的文章。文中很多段落打上了记号，足见南存辉看得很仔细，学得很认真。连记者也不得不感叹，像他这样忙碌的企业家还注意保健，学习养生，少见！

说到打坐，南存辉更有一番心得。

他透露，他的"本家"、族伯父南怀瑾先生十几年前就曾建议他把繁务放下，静心学习、修炼。但那时候因为年轻，感觉还没那么迫切。加上

修身即健身

工作忙，他没法"放下"。几年前，南老在江苏太湖边上建了一个书院，他去拜访，老先生旧事重提。他想，经过多年奋斗，正泰各产业已步入稳步发展轨道，而且都有了很好的经营团队，除了一些重大决策需要自己参与外，日常工作基本可以放手，是到了该调养身心的时候了。于是，他决定抓住机会，学习静心，修习静坐。第一次，他一去七天，关了手机，排除一切干扰，静心修习。之后，南存辉每天坚持早晚静坐。

在南存辉看来，坚持"一式三招"和静坐修养，给他带来了很多好处。在公司最近召开的一次内部会议上，他同样讲到养成良好的保健习惯和方法的重要性。他说："大家可能不知道，我已经三年没吃一粒药了。没生什么大病，偶尔有个头痛感冒之类的，靠自己调理，一出汗就好了。我刚到上海的一家医院体检，健康状况良好！"

"而且，"他说，"这对睡眠质量的改善大有好处。无论四季变换，还是出差、出国倒时差，打坐后，倒头便能睡着。"

很多人也发现，南存辉通常是一上车就睡着，车到站就醒来。不管之前多么劳累，只要他一投入工作，又是生龙活虎的样子。

在南存辉的积极倡导下，公司配备了相应的健身器材。很多车间还推出了工间操制度。员工们连续工作几个小时之后，原地站起来做做工间操，这一做法得到了员工们的普遍欢迎。

上市可以推迟，南老的课不能不上。

南禅七日

在南存辉讲述的关于南怀瑾大师的诸多故事中，"南禅七日"是他最难忘的一段经历。

那是 2009 年 12 月，南老在太湖学堂开修禅课，为期 7 天。这也是南老修禅课的特定周期，人称"南禅七日"。南存辉被邀请参加，但要求学习期间放下一切杂事，静心研修，不可接听手机、不可请假、不可会客、不可外出。

通知上清清楚楚地写着：做不到，不要来。

而这时，历经十年准备的正泰电器上市计划进入冲刺阶段，国家证监会通知南存辉一周内到北京进行过会答辩，正好赶上了这个时间段。要知道，这可是中国股市 IPO（新股发行）"静默"了好长一段时间之后的首次解禁，正泰没有理由错过这样的机会。作为企业的掌门人，南存辉很矛盾，去参加学习吧，万一影响了上市进程，股东们那里不好交代。不去学习吧，南老已经九十多岁高龄，这样的机会怕是不会再有。最后他向董事会表明心迹，上市可以推迟，南老的课不能不上。

南存辉向证监部门申请推迟过会时，有关负责人大吃一惊："别人都是排队、挤破头抢着上市，而你却申请推迟！"不过，吃惊归吃惊，他们还是同意了南存辉的请求。

就这样，因为"放不下"而多次错过随南老学习机会的南存辉下了很大的决心放下一切，在太湖大学堂"闭关"修习了整整一周。

南存辉回忆说，南老第一次来授课，学员们集体起立鼓掌欢迎，叫声："老师好！"南老则恭身应答："同学好！"然后，他对大家说："我们这里不需要鼓掌的，鞠躬就是最好的礼节了。"

南老指着大禅堂里的两句话"此是选佛场，心空及第归"对大家说，要将心清空了来学习，才会满载而归。希望大家静下心来，把一切杂念放下，把心清空，把自满消除，好好地学他几天。

在接下来的学习中，南老亲自授课，给大家讲解中国古代儒、释、道各种典籍，结合现实世界，引导大家关注人性修养，关注人文教化。上下五千年，纵横十万里；经纶三大教，出入百家言。老人深入浅出的讲解，让学员们受益匪浅。

南老还教大家如何站桩、如何打坐、如何走路等。他平时待人非常和气，但授课期间却十分严格，参加那期学习的人中有专家、学者、企业家等各种身份的人物。一节课45分钟，大家盘腿静坐（称"七支坐法"）。南老手持"煞音板"（类似教具的东西），随时提醒学员注意。其形其状，颇像旧时私塾先生"打板子"教训学生的感觉。

课间，南老要求学员在大禅堂里练习走路（称"行香"）。老人依然背着手，拿着煞音板来回巡视，随时指点、纠正学员的姿势。老人看上去身形清瘦，但精神矍铄，乐观旷达，似乎丝毫不觉老之已至。这也给了南存辉和学员们极大的鼓舞。

这次学习一结束，南存辉便带着公司高管马不停蹄地飞赴北京进行答辩。兴许是受了南老传授的中国传统文化的洗礼，他在答辩中从容淡定，对答如流，他的个人表现和公司业绩都给"考官"们留下了极好的印象。次日，正泰电器顺利过会，随后登陆上海 A 股，成为上市公司。

事情过去很长一段时间，南存辉去拜访南老，和他讲起这个曾经的小插曲，南老感慨地说："没想到你下了那么大的决心，不容易！"

> 打倒自己的往往是自己，而不是别人。

古书里面有真言

在各界人士深情追思南怀瑾大师的时候，作为南老的晚辈，南存辉最难忘怀的是在他的指导下阅读各种古籍经典得到的教益。

"古书里面有真言！"南存辉回顾说，南老指导他们读《资治通鉴》，并要他们展开讨论。学到《秦纪》，总结秦朝灭亡的原因，他感受最深的是贾谊《过秦论》中一句话："亡秦者，秦也。"这对他办企业很有启发。他常说，打倒自己的往往是自己，而不是别人。一名优秀的企业家一定要保持谦虚好学的态度，不要忘记创业初期的谦虚。在正泰价值观"和谐、谦学、务实、创新"中，特别强调"谦学"。他要求公司团队做到"不骄傲自满，不目空一切，不独裁武断，做人要有谦卑心，做事要有畏惧心"，并告诫大家"成熟的稻子总弯腰"。

读《老子他说》，南老在书中说，春秋战国时期，范蠡帮助越王勾践复国后，不求功名利禄，一叶扁舟，飘然于太湖之上。这正是道家的"功成，名遂，身退，天之道也"的风范。汉代的"文景之治"与唐朝的"贞观之治"，开创基业用的都是道家的"内用黄老，外施儒术"的法则。这给南存辉的启发是，做人也好，做事也好，要学会"外圆内方"，懂得因势利导。面对全球性的金融危机，他提出"当我们不能改变环境的时候要努力学会改变自己"，正是源于这些思想的启迪。

南老书中引述的一些句子，南存辉常能脱口而出，并加以自己的解读。如曾国藩致其弟曾国荃书："左列钟铭右谤书，人间随处有乘除。低头一拜屠羊说，万事浮云过太虚。"白居易读老子的体会："吉凶祸福有来由，但要深知不要忧；只见火光烧润屋，未闻风浪覆虚舟。名为公器无多取，利是身灾合少求。虽异匏瓜谁不食，大多食足早宜休。"南存辉说，这些都是在告诫世人，名利如浮云，不要有太多的贪恋心，否则会为名利所累，甚至为名利所害。面对经济下行的压力，他认为，经济发展上上下下，好比自然界的日出日落，四季交替，实属正常现象。关键是如何在起落中抓住商机，发展自己。这需要一种平常心，"用平常心才能做不平常的事"。

读《论语别裁》，南存辉觉得，南老对一些句子的解释很有意思。如有一句："子夏（名卜商、孔子学生，少44岁）曰：贤贤易色，事父母能竭其力，事君能致其身，与朋友交言而有信，虽曰未学，吾必谓之学矣。"南老在书中解释说，贤贤易色：看到一个人，学问好，修养好，本事很大，就肃然起敬，态度也自然随之而转。事父母能竭其力：孝要竭其力，不要过分了。"百善孝为先，原心不原迹，原迹贫家无孝子。"事君能致其身：就是对待国君要做到以身许国的程度。与朋友交言而有信：答应了的事就要办到。

"这句话的意思是，看到好的人能肃然起敬。在家能竭心尽力地爱家庭，爱父母。在社会上做事，对人、对国家，放弃自我的私心，所谓许身为国。与朋友交言而有信。尽管这个人没读一天书，我一定说这个人真有学问。"南存辉说，这其实是在倡导一种高尚的是非观、价值观，倡导做事先做人。

还有一句是："曾子曰：慎终追远，民德归厚矣。"南老的解释是：终，结果。远，很远的因。一个人要想有好的结果，不如有好的开始。菩萨畏因，凡夫畏果。圣人们非常重视一件事情的动机。南存辉说，这是强调一种"因果关系"，凡事有因果，有什么样的因就会有什么样的果，今天的因是明天的果。因此，人要重视平时修为，努力种"善因"，才会结"善果"。

南存辉还经常摘录南怀瑾谈历史、人生的一些精彩语句，加以学习领会，并用来告诫自己和他人。如他摘录南老引述前人的一首诗，形象地刻画了一些人欲壑难填的形态。诗曰：

终日奔波只为饥，方才一饱便思衣。

衣食两般皆具足，又想娇容美貌妻。

娶得美妻生下子，恨无田地少根基。

买到田园多广阔，出入无船少马骑。

槽头扣了骡和马，叹无官职被人欺。

县丞主簿还嫌小，又要朝中挂紫衣。

做了皇帝求仙术，更想登天骑鹤飞。

若要世人心里足，除是南柯一梦西。

世间万象，不可能皆归己有。以享有之心去对待一切，则一切会给自己带来愉悦。反之，如果企图去拥有一切，则可能是无尽的痛苦！

拥有与享有

"拥有不如享有！"南存辉去了一趟台湾回来，对待财富更多了一层思考。

2010 年 9 月 26 日，由 70 余家浙江民营企业及 20 余家香港商界组成的"浙港百名民企赴台考察团"，在完成商务交流等各项活动后，到佛光山台北道场参访，并拜会佛光山开山宗长星云大师。南存辉是其中之一。

那天上午，南存辉一行参访佛光山台北道场，见到了仰慕已久的星云大师。

"和各位一样，我也是从大陆来台的。"星云大师这样介绍自己。他1927 年出生于江苏扬州的一个贫苦家庭，10 岁在南京栖霞山寺出家当和尚，23 岁时到台湾弘法，40 多年后曾回大陆家乡，乡亲视他为"台湾来的和尚"。他在台湾住了 61 年，却有台湾人称他是"大陆和尚"。星云大师说，只要地球没有舍弃他，就自许做个"同体共生"的地球人。

在近一个小时的见面中，星云大师主要和大家分享了两个方面的心得：

一是人因信仰而有意义。星云大师坦言，人生活首先必须求得"安全"，维持基本的衣、食、住、行的物质生活，接着才会进一步追求精神生活，像追求知识或爱情。有了知识还不够，还要追求艺术的生活，追求音乐、绘画与歌舞等美好的事物。有了艺术生活，就想追求更超越的人生，也就是信仰。

星云大师认为，信仰对于一个人，是很重要的，只要是正信的宗教，无论是信仰佛教、天主教、基督教、伊斯兰教都行，因为有信仰就能为人带来希望，人生也将会因为信仰而活出意义。

二是持享有之心，人生的境界更宽广。星云大师说，财富有"一时的""永久的"；有"有形的""无形的"；有"现世的""未来的"；有"私有的""公有的"，除了金钱、股票、有价证券等有形财富外，健康、人缘、事业顺利都是无形的财富。

鉴于许多现代人执着于追求与拥有财富，星云大师表示，世间上我们不可能样样东西都拥有，但我们可以怀抱"享有"的心。有时"享有"的世界比"拥有"的人生更宽广。且看山河大地，花草树木，虽然不为自己所有，但可遨游其间，欣赏景致。因此，只要以"享有"观视之，就等同拥有了万事万物。

星云大师的讲话循循善诱，生动活泼。南存辉等洗耳恭听，并不时提出问题向大师求教。

星云大师是南存辉推崇的佛教界人士之一，他在平时的讲话、发言中，常会引述星云大师的一些言论、观点，用于教育员工，勉励自己。今次一晤，星云大师关于"拥有"与"享有"的一番理论，更让他深有感触。

"世间万象，不可能皆归己有。以享有之心去对待一切，则一切会给自己带来愉悦。反之，如果企图去拥有一切，则可能是无尽的痛苦！"南存辉说。

似是有感而发，也是深思熟虑……

人这一辈子，能消费多少财富是有定数的。太贪心了，吃进去的东西也会吐出来。明白了这个道理，也就释然了。

不惑之"惑"

"古人说，三十而立，四十不惑，五十知天命。我常想，这四十不惑是什么意思呢？一般理解是，人到四十，大彻大悟，不再迷惑；我认为有更深层次的意思，就是人到了四十岁以后，不要被迷惑。"

2012 年 2 月 12 日，南存辉在正泰电器生产采购工作总结表彰会上强调"坚持主业发展不动摇"时说到这番话。他说，他曾为此请教过国学大师南怀瑾先生，南老说，应该是这个意思，人到中年，或多或少有了一些成就和名望，最容易迷失自己，所以要时时提醒自己不要被迷惑。

南存辉由此说到，在过去二十多年间，正泰坚持做电器，做制造业，做到差不多的时候，有了一定的规模和实力，跨国公司想来兼并。如果仅仅从钱的角度去考虑，卖掉是划算的。卖掉企业，赚一大笔钱，还可以去做别的事情，而且还没做制造业这么累。但我们想明白了，办企业赚钱是第一，但不是唯一，我们要创一个中国人自己的品牌，要走产业报国之路。这样一想，卖掉就是不划算的，所以没卖。

"不光是没有卖掉企业。"南存辉说，"我们还顶住了各种诱惑。当初全国各地招商引资，很多地方的政府来邀请我，都说到我们那里投资吧，我给你批地。银行也很关心支持我们，鼓动我们贷款。我说，我们企业还不大，贷那么多款来做什么呢？银行的朋友说，做房地产呀，你看房地产多赚钱。当时身边确实也有很多人去搞房地产赚钱的。但我觉得自己手中这一块都忙不过来，哪有精力顾及其他呢？所以没有跟风，等于是把很多送上门来的赚钱机会放弃了。"

南存辉调侃道："回过头去看看，坚持主业发展不动摇，既是我们的一条成功经验，也是因为当初能力不足逼出来的一条道路。"

而现在，南存辉欣慰于正泰在主业上的厚积薄发，"实现了从传统电器制造业到新能源、从卖产品到卖服务、从国内销售为主到全面国际化的转型升级。至此，正泰产品已覆盖发电、输电、变电、配电、用电各个环节，突显了整体产业链的竞争优势！"

他透露，在2012年4月举行的德国汉诺威工业博览会上，正泰高低压电器、太阳能将代表中国"国家队"参与展示，这体现了正泰产品的高品质、差异化特征，也体现了正泰在电器制造和新能源两大领域里的影响力。

回到主题，南存辉说，惑由"或""心"组成，有三心二意之意。他现在四十多岁，他常常告诫自己，不要三心二意，不要因为有了眼前这点成就就以为自己什么都能干，什么都想去干。

不惑之"惑"

"低压电器行业全球最大的企业法国施耐德公司去年的全球销售额是2000多亿元人民币，但他们干了160多年。我们干了还不到30年，时间还长着呢，不要贪心，不要着急。"南存辉说。

他以一个"狐狸与鸡窝"的故事作结。说的是，鸡窝里装了很多鸡，狐狸站在外面，拼命往里钻，但因狐狸个大，鸡窝门小，钻了三天三夜才进去。等它一口气吃光了里面的鸡，却发现自己吃撑了，身体发胖，出不了鸡窝了。于是，狐狸被困在鸡窝里饿了三天三夜，直饿得身体消瘦下来，才终于钻了出来。

"这故事说明，人这一辈子，能消费多少财富是有定数的。太贪心了，吃进去的东西也会吐出来。明白了这个道理，也就释然了。"

欢喜心，就是讲求奉献和施与的圣洁之心、良善之心、感恩之心。带着欢喜心来做事，带着奉献之心来做事，带着感恩之心来做事，我们就不会感到心理不平，就不会心生不轨之念，那么没有什么事是不成功的。

用欢喜心来做事

世界最美好的东西不外乎"欢喜"，故用欢喜心来做事，无不成就；

世界最珍贵的东西不外乎"结缘"，故用结缘观来待人生，无不成全；

世界最持久的东西不外乎"忍耐"，故用忍耐力来处众，无不成效；

世界最坚固的行为不外乎"愿力"，故用愿力行为来工作，无不成事。

这是台湾星云法师的一道"心灵净化之方"。

南存辉说起这段话，是在正泰集团召开的一次廉政警示教育大会上。在这次大会上，公司监事会主席吴炳池通报了数起诸如受贿、私卖公司产品、技术人员参股供方、泄露商业机密、私卖公司元器件等典型案例和处理结果。还请当地公安部门的领导做了企业法制化管理的报告。

南存辉自始至终参加了会议，自始至终表情凝重。

"对于这些发生在我们身边的贪腐案件，我感到很痛心！"南存辉说，

用欢喜心来做事

刚才通报的几起案件的当事人，都是正泰多年培养出来的经营管理人才，有些还是总经理、经理级别的干部。他们曾为正泰的发展做过很多有益的工作，还曾获得许多荣誉，出现这样的局面，真的叫人痛心。一个人的贪污腐败行为不仅给个人带来严重的后果，还给栽培他的企业、关心他的家庭和社会造成巨大的损失。

他在分析原因后认为，加强企业法制化教育、加强经营管理人员的自身修养，何其重要。

他说，当年朱镕基总理在中外记者见面会上，谈到公正廉洁的重要性时，引用了一句古人的名言："吏不畏我严，而畏我廉；民不服我能，而服我公。"廉生威，公生明。而这一切，必须通过卓有成效的法制化、制度化建设，并形成长效机制才能实现。

随后，他讲到个人修养问题，希望大家正确对待财富、名利。"家有千斗粮，一天只吃三顿饭。""纵有广厦千万间，睡觉只需要一张床。"

他勉励大家重视学习，提高自己的素养，端正自己的行为，在正泰这个事业平台上不断完善自己，成就自己，并为企业和社会做出更大的贡献。

讲话中，南存辉恰如其分地插入了星云法师的那段话。

他解释说，欢喜心，就是讲求奉献和施与的圣洁之心、良善之心、感恩之心。带着欢喜心来做事，带着奉献之心来做事，带着感恩之心来做事，我们就不会感到心理不平，就不会心生不轨之念，那么没有什么事是不成功的；结缘观，说的是要珍惜人与人之间相识、相遇的缘分，有了这样的态度，没有什么事不能成全；忍耐力，就是要学会隐忍、礼让，以这样的心胸和众人相处，没有什么取不到成效的；而所谓"愿力"，大意是"许下心愿的力量的程度"，就是要有理想，有"向善"之心。这样，没有什么事是做不成的。

南存辉的这番话，在这样的场合说出来，对在座员工们的触动是不言而喻的。对公司高层而言，则更增添了一份责任感、使命感。

浙江正泰电器股份有限公司总裁程南征发给他的短信说：以"欢喜"（《圣经》中译为"喜乐"）、"结缘""忍耐""愿力"之心境来处世，来待人，来度人生，来奉信仰，不论最终结果如何，不论他人评说如何，都将无忧、无虑、无怨、无悔。心清则气和(《圣经》中说"清心的人有福")，气和则体健，体健则神爽，神爽则致远，致远则通灵，通灵则心清。曹操说，万事、万物、人生、事业，内则起于心而止于心，外则源于神而归于神。心神相通，幸甚至哉。孔圣人也感叹"七十而从心所欲"，我等当效屈原，"上下而求索"。

以出世的态度做入世的事情。财富不等于幸福，不要去眼红别人。

以出世的态度做入世的事情

南存辉常说："以出世的态度做入世的事情。"

他说这句话，多在这样一些场合：

比如，谈到财富观的时候。南存辉说，财富是身外之物，生不带来，死不带走。办企业主要目的是赚钱，但到了一定程度，更多的是一种责任。所以，他不会来者不拒，只要是赚钱的机会都紧紧抓住，而是要看这个赚钱的生意是否符合社会规范，是否有损他人利益。"尽最大的努力去把事情做好，但不贪心、不贪婪，顺势而为。假如这事做起来对国家、社会、大众、环境都有利，就可以去做，而不是仅仅为钱。"

这种时候，南存辉说"以出世的态度做入世的事情"，他会强调一句："财富不等于幸福，不要去眼红别人。"

比如，谈到授权经营的时候。很多人担心引进职业经理人后，公司授权给经理人管理，还要给予相应的利益，到时候会不会失去控制权。南存辉对这样的担心不以为然。他认为只要制度设计合理，管控到位，不会出现这样的问题。一个企业家也没必要患得患失，这也不放心，那也放不下，到头来累死了自己却没什么作为。所以心态要放平一些，心胸要放宽一些。身为董事长，南存辉说他只做三件事：做决策、选人才、看投资收益。

这种时候，南存辉说"以出世的态度做入世的事情"，他会有感而发："看淡一些名，看淡一些利，你会感觉天地很宽广！"

再比如，谈到产业投资的时候。在过去二十多年中，正泰一直坚持"一心一意做实业，聚精会神创品牌"。对此，有人质疑南存辉是否保守了一些，放弃了很多快速扩张的机会。有人甚至替南存辉惋惜，认为正泰在房地产市场最火爆的那几年没有动作，至少丢掉了 100 亿的收入。南存辉却不置可否，不为所动。还提醒大家要经得住诱惑，耐得住寂寞。

这种时候，南存辉说"以出世的态度做入世的事情"，他会告诫大家："世界上值得投资的东西太多了，但人的精力是有限的，我们应该集中精力做我们自己认为最重要的事情。电器市场空间巨大，再加上新能源产业，就有很多文章可做了！"

关于"出世"与"入世"的问题，佛家、道家、儒家皆有解释。比较相近的说法是：出世，就是尊重生命，尊重客观规律，既要全力以赴，又要顺其自然。站得高一点，看得远一点，对有些东西看得淡一点；入世，就是把现实生活中的恩怨、情欲、得失、利害、关系、成败、对错等作为行事待人的基本准则。一个人入世太深，久而久之，当局者迷，陷入烦琐之中，把实际利益看得过重，注重现实，囿于成见，难以冷静全面地看问题，也就很难有什么大的作为了。

"以出世的态度做入世的事情"，普遍的理解，是放下心中的杂思妄想，以真我的态度，在世俗的生活中专注最重要的一两件事情，并把它做好。按照儒家的说法，不以财富、权力、声望为追求目标，而讲求修身、养德、济世。

"以平和的心态做人，以积极的心态做事"，这应该是南存辉这番话的题中之意。

为加强记忆，南存辉又将讲稿一字一句地抄写在
小卡片上，一边抄写，一边默念，还不断地演示
白天老师指导的动作表情。直到 1862 字的讲稿烂
熟于心，他才放心睡下。此时，已是凌晨 1 点。

南存辉背稿

2013 年 10 月 29 日上午，北京，人民大会堂。

由中央统战部、全国工商联主办的全国非公经济人士理想信念报告电
视电话会议在这里隆重举行，中央政治局常委、全国政协主席俞正声出席
并讲话。

南存辉作为 6 名嘉宾之一，在会上做了题为"以大带小　实现双赢"
的演讲。只见他面向观众，娓娓道来，语调抑扬顿挫，给人留下了深刻的
印象。

俞正声主席在讲话中提到："我对南存辉他们比较熟悉，因为他们在
上海办有企业，我都去看过。"

在浙江省分会场，一位领导听完报告后对与会的正泰集团代表说："你
们南董讲得不错，内容很好，而且是脱口演讲，为我们浙江企业争了光！"

在温州分会场听报告的正泰员工也深为自己老板的出色表现感到自豪。

据南存辉的秘书介绍，会议前一天，6 名演讲嘉宾在北京集中进行了一次严格"演练"，还请来了资深专家进行指导，主要是帮助大家纠正读音，把控时间。因为会议安排十分紧凑，每个人只能讲 9 分钟，稍有拖延就会影响整个议程。

为防出错并控制好时间，按照主办单位的要求，嘉宾们必须照着稿子念，而且要做到自然流畅。南存辉想，照着稿子念，固然可以避免差错，却多了几分拘谨，少了几分洒脱。他决心挑战自己，脱稿演讲。

这天晚上，南存辉忙完其他工作，回到下榻的酒店已是 8 点来钟。由于讲稿经过严格审定，不能自由发挥与原稿形成出入，所以只能强记。他拿出稿子，首先默读几遍，找到各个段落、层次之间的联系，默记在心里。他说："逻辑顺了，就好背了。"他念一段，背一段，背完第一段，再念第二段，背出第二段，重复一二段……

为加强记忆，他又将讲稿一字一句地抄写在小卡片上，一边抄写，一边默念，还不断地演示白天老师指导的动作表情。直到 1862 字的讲稿烂熟于心，他才放心睡下。此时，已是凌晨 1 点。

次日一早，他又早早起来，反复"温习"了好几遍。这才有了他在会场上的一番风采。

值得尊重的企业，不仅要追求经济效益，还要追求梦想和承担更多的社会责任。

一句话费思量

红旗出版社隆重推出《南存辉讲故事》一书，邀请南存辉题写一句话，放在书籍封底，用以勉励读者。

在从北京昆仑饭店前往国际会议中心参加"2013—2014中国经济年会"的车上，我向南存辉汇报了这事，并将事先准备好的一句话"每个人都是传奇，每个人都可以创造传奇"推荐给他参考。

他说，这句话很好，可以放到别的地方用，书上另写一句。

"最近新华社发了个'改革开放人物志'的专题报道，专访我的那篇文章题目是"我不光追求财富，我还有很多梦想"。发稿之前记者传过来，我匆匆忙忙看了一下，没想那么多。发出来后，仔细推敲，觉得这说法不准确，有点歧义，好像我很贪心，不光要财富，还要很多东西一样。"他说。因此，他想借这本书出版的机会，把自己的真实想法完整地表达出来。

南存辉反复琢磨，先写了一句："人不仅要追求财富，更要追求梦想。"觉得不妥，这样的要求不能是对所有人的。

改成另一句："创业者不仅要追求财富，还要追求梦想，承担更多的社会责任。"

还是觉得不妥，"创业者"的定义太宽泛。

然后改成："企业家不仅要追求财富，还要追求梦想，承担更多的社会责任。"

这句话马上又被他自己否定了，企业家必须是事业达到一定高度、修养达到一定境界、具有足够影响力的人物，自己哪能自称为"企业家"呢？

于是又改成："做企业不仅要追求财富，还要追求梦想，承担更多的社会责任。"

这下应该可以了吧，我心想。庆幸自己总算完成了出版社交给我的"光荣任务"。

但在3个多小时的中国经济年会结束后，他交给我的是另一句话："值得尊重的企业，不仅要追求经济效益，还要追求梦想和承担更多的社会责任。"

办事处里的笑声

2014 年 12 月 22 日至 23 日，为期两天的全国工商联第十一届三次执委会议在泉城济南召开，大会报告、小组讨论、专题会议、全体会议，一个连着一个，日程排成了"白 + 黑"，非常紧凑。

出席会议的南存辉无暇领略泉城的风貌，却在会议结束当日，抽出赶动车前往北京前的一个小时时间，看望了正泰山东办事处的营销服务人员。

"公司营销系统机构刚刚做了调整，有的同志可能还不十分理解，我来和大家交流交流！"南存辉开门见山。

会议室里坐满了办事处各个业务团队的负责人。

南存辉逐一问候，和他们拉起了家常。

当了解到一位名叫李海涛的男生曾在日本留学过几年时，南存辉饶有兴致地问起了他在日本学习、生活的情况。并问他，如果有机会，他愿不愿意代表正泰到日本去工作。小伙子显然有些紧张，回答说："我还没想过这个问题。"

女职工田琳的韩国留学经历同样引起了南存辉的兴趣，他问她韩语说得怎么样，知不知道正泰在韩国建有太阳能电站，等等。她说自己韩语说得还可以，也知道正泰在韩国有许多业务，因此对韩国平添了几分亲近感。

他照着花名册上的一个名字叫道："陈红欣是谁？"

一个虎头虎脑的年轻小伙子站起身来，有些腼腆地说："董事长好！"

南存辉笑道："我还以为是个女孩子呢！"

会场里笑声一片。

然后又问："你家是哪里的？"

陈红欣答："河南的。"

"河南的呀，那我们还是老乡呢，我的太祖那一辈就是河南的，后来搬到了浙江！"南存辉非常惊喜，问他怎么从河南跑到了山东，又怎么进了正泰办事处。小陈一一作答，南存辉点头赞许。

坐中还有一位老乡——乐清虹桥的方孔华，他是南存辉现在的老乡，南是乐清柳市人。因方孔华剃了光头，南存辉笑称："你脑门最亮，最聪明。"然后和大家谈起乐清的"讲究"。他说，在乐清，分县东和县西，县西经商的多，县东当官的多。柳市属县西，很多人从小就出来做生意了。虹桥属县东，当官的人不少。

南存辉记忆力惊人。分销团队的负责人谢武静曾在正泰总部的接待处工作过几年，当时也只是个普通的接待员。可这次一见，他竟一眼认出她来。详细问起了她现在的工作、生活情况。当听说她丈夫也在济南工作，负责正泰燃气表的销售，而且他们将在济南买房，准备在这里安家时，南鼓励她"把家安在济南，把根扎在正泰！"

在和其他人交谈时，南存辉也都是嘘寒问暖，既谈工作，也谈生活，不时还会插上一两句笑话，以致很多人虽是第一次见到自己的老板，却感到格外亲切。

在轻松愉快的气氛中，办事处主任陈美胜介绍了他们的团队建设及业务开展情况。称营销机构调整后，"管理层级减少了，工作汇报更直接，市场反应更快速，完成任务指标的信心更足了！"

听完汇报后，南存辉给大家分析了中国经济新常态下企业面临的新挑战和新机遇，阐述了未来十年正泰的发展战略。并说："这次机构调整，就是为了适应我们的战略大布局而进行的，希望大家坚定发展信心并支持公司的决策，努力干好各项工作，创造新的业绩。"

随后，他向办事处提出了四点要求。

一是明确办事处主任的工作职能、职责，即：受公司派遣，向分管副总裁汇报述职。接受公司营销管理部督管，落实公司各项任务；负责组织办事处各业务团队、各服务支持团队，积极响应配合各业务板块落实相关任务。

二是增加办事处主任及各产业组长的市场产品开发调研工作职能。将办事处设计院的推广队伍和职能调整融入各业务板块。进一步完善费用比例并严格审批程序。

三是明确物流管理，即：业务接受公司物流部的统一领导或指导；加快服务能力和服务质量等行政方面的响应速度，接受办事处主任及其综管部门属地管理；绩效考核由办事处和公司物流部各占一半。

四是营销系统要逐步建立专门的质量技术服务体系，强化办事处质量技术服务团队建设。公司质量管理部要加强市场服务信息与质量监管，加快服务能力和服务质量等行政方面的响应速度，接受办事处主任及其综管部门属地的督管；绩效考核由办事处、公司质量部与技术服务部各占三分之一。

交流结束后，员工们意犹未尽，争着和老板合影。办事处里，响起了频频按动相机快门的"咔嚓"声……

生活是最好的老师，要珍惜生活的赐予，哪怕吃再多的苦，哪怕我修鞋，也要修得最好。

走出人生"舒适区"

G20 杭州峰会期间，美国驻华大使马克斯·博卡斯来访，并与正泰集团董事长南存辉进行了一番有趣的对话。让我感触最深的一句是："人要敢于走出自己的'舒适区'。"

对话围绕"自信"一词展开。

马克斯·博卡斯问南存辉："你觉得人的自信来自哪里？"

南存辉答，关键在心态。心态决定状态，心态好了，自信就在。

他把他的"心态说"解读为两句话："不偷懒，不贪心。"

不偷懒，天上不会掉馅饼，幸福生活等不来，人生当有目标，并要敢于为自己的目标努力拼搏；不贪心，人的精力、能力都是有限的，能够享受的东西也是有限的，要想清楚自己到底想要什么，能做什么，有所为有所不为，不要什么都想要，什么都想干。他引述国学大师南怀瑾题赠他的两句诗"须知道义无价宝，切记富贵有尽期"，以此说明，对财富的追逐不必太过执着，更不能不择手段，所作所为要符合道义，有平常心才能做出不平常的事，要"以出世的态度做入世的事情"。

马克斯·博卡斯说："我的看法是三个方面，一是要有自尊心。不管在什么阶段，处在什么环境，自尊心很重要；二是要有冒险精神，没有冒险精神永远做不成事；三是要敢于采取行动，光有想法不行动也不行。"

他进一步阐述，有一种说法，智慧形成于经验，经验又形成于不断地试错。敢于冒险可能会犯错，但吃一堑、长一智，这会增长自信。据说，美国相关部门曾做过一项调查，发现现在经常出去旅行的美国人远远少于二十世纪三四十年代。不知道调查结果是否准确，但趋势肯定是这样的。

"我觉得导致这种情况，主要是互联网的出现。互联网时代，大家变得懒惰，不愿出门，不愿离开自己的'舒适区'，严重依赖社交媒体。久而久之，哪里还有自信！"

他谈到，很多年前，他曾读过一本书，介绍的是美国民权运动领袖马丁·路德·金的事迹。主人公有个观点，大意是说，人必须努力，即使你是个扫大街的，也要努力成为最好的扫大街的人。

这话让南存辉产生了共鸣。

南存辉说："我赞同你的观点。我在办企业之前，修过三年的鞋，那时虚龄13岁，父亲在生产劳动中受伤，无法继续干活养活家人。身为长子，我只得辍学回家，以修鞋为生赚钱养家。在这个过程中，我懂得，生活是最好的老师，要珍惜生活的赐予，哪怕吃再多的苦，哪怕我修鞋，也要修得最好。"

……

两人对话的时候，我一直坐在旁边。

我记住了他们"即使是扫大街，也要成为最好的扫街人""哪怕是修鞋，也要修得最好"的观点，并由衷赞赏。

最关键的当然还是那句："人要敢于走出自己的'舒适区'。"

后 记

写完这本小书的时候，正是中国共产党第十九次全国代表大会胜利闭幕之际。身为全国政协常委，并曾连任三届全国人大代表的南存辉感慨万千。

"党的每一次全国代表大会，都会出台一些利国利民的大政方针，都会推动经济社会向前迈进一大步。我相信，十九大的召开会给我们国家的政治、经济形势带来更加喜人的变化！南存辉在接受媒体采访时说，他本出身草根阶层，做梦也没想过有朝一日会参与到国家的政治生活中来。是改革开放给他提供了这样的机会，是国家民主建设的进程使这一切变成了可能。因此，他发自内心地感恩党，感恩国家，感恩社会。

作为本书的作者，也作为南存辉身边的一名工作人员，我对他的想法感同身受。和他一样，期待党的事业蒸蒸日上，期待祖国面貌日新月异。

谨以此书，献给党的十九大，献给所有关注正泰发展，关注南存辉事业，也关心本人成长进步的人们……

图书在版编目（CIP）数据

南存辉观点/廖毅著.
—北京：红旗出版社，2017.10
　　ISBN 978-7-5051-4288-6

Ⅰ.①南… Ⅱ.①廖… Ⅲ.①人生哲学—通俗读物
Ⅳ.①B821—49

中国版本图书馆CIP数据核字(2017)第208134号

- -

书　　名	南存辉观点		
作　　者	廖　毅		
出 品 人	高海浩	责任校对	凌吉卫　刘宁宁
总 监 制	蒋国兴	责任印务	金　硕
总 策 划	李仁国　徐　澜	封面设计	戴　影
责任编辑	陈　桔　周婷婷		

出版发行　红旗出版社
地　　址　（南方中心）杭州市体育场路 178 号
邮　　编　310039　　　　　编辑部　0571-85310271
E-mail　　672329804@qq.com　发行部　（北京）010-57270296
　　　　　　　　　　　　　　　　　　　　（杭州）0571-85311330

欢迎项目合作　项目电话　（北京）010-57274627
　　　　　　　　　　　　　（杭州）0571-85310806
图文排版　杭州美虹电脑设计有限公司
印　　刷　杭州广育多莉印刷有限公司

开　　本	710 毫米×1000 毫米	1/16	
字　　数	232 千字	印　张	20.25
版　　次	2017 年11月北京第1 版	2017 年11月杭州第1 次印刷	

书　　号　ISBN 978-7-5051-4288-6　　　定　价　45.00 元